大展好書　好書大展
品嘗好書　冠群可期

大展好書　好書大展
品嘗好書　冠群可期

武術特輯
147

太極盤根功法

徐毓茹　孫　晴　編著

大展出版社有限公司

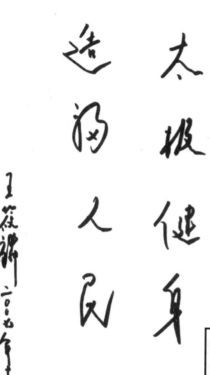

為太極重振功法一書附題

太極健身
造福人民

王筱麟
二〇〇九年

徐雨辰先生出版致賀

發展武術
弘揚武德

二〇〇七年五月
村岡久平

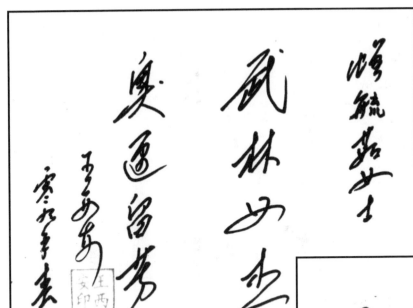

陳式太極拳大師王西安先生題詞

著名武術擊技家佟慶輝先生題詞

先父徐雨辰（1911-2006）

徐雨辰先生習練龍身吸氣功
（1971年攝）

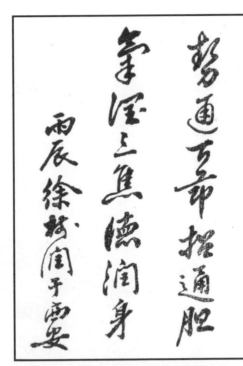

徐雨辰先生書畫作品

作者與原陝西省政協副主席劉石民先生合影

著名吳式太極拳名家文功遠先生
（1910~1983）

作者與形意拳、太極拳名家申子榮先生（右）、
家父徐雨辰（左一）合影

作者（右）與陳式太極
拳大師王西安先生合影

作者（後排右二）獲第一屆全運
會太極拳第七名

陝西省隊獲第一屆全運會武術比賽團體第六名、
作者（右三）代表陝西省隊領獎

作者獲1963年、1974年、1977年
三屆全國武術錦標賽太極拳冠軍。
照片於第一屆全運會前攝於北京北
海體育場

1984年作者在中華武術發表的《太極推手的
力學原理》一文

作者獲1963年全國武術錦標賽女子槍術冠
軍、全能亞軍。此照為賽後赴蘭州表演

1985年作者隨中國武術團出訪伊拉克並擔任
教練

1984年陝西省女隊合影，前排左起：韓俊霞、魏艾玲、姚明霞、陳俊梅、郭桂林；後排左起：楚鳳蓮、張仙萍、徐毓茹、徐瑛、陳建雲

中國武術專家小組與日本武術太極拳聯盟朋友合影，二排左二為作者

1989年作者擔任首屆全國太極拳教練員培訓班教練組成員兼評委

1989年作者擔任第二屆亞洲武術錦標賽裁判長

1995年作者在美國國家武術總會執教時與學生合影

作者與學生，第十五屆亞運會男子太極拳全能冠軍吳雅楠合影

作者與學生張航（左一）、柴雲龍（左二）、李瑾（右二）寧彪（右一）合影

學生吳雅楠獲29屆奧運會北京2008武術比賽男子太極拳全能金牌

作者與女兒孫晴合影

2003年太極盤根功法首期培訓班學員合影

作者獲獎證書

前 言

今年是家父徐雨辰逝世 4 周年，自他辭世後，老人家的音容笑貌、功法醫德和諄諄教誨歷歷在目，銘記在我的心頭。

家父一生善醫、習武、愛好書畫，皆成就卓然。我家祖籍是河北滄州南皮人，先祖曾是清初的武狀元，家中世代習武成風。家父幼年曾拜燕青門名師關老太爺爲啓蒙教師，後拜滄州名醫孫華亭爲師學習醫學，青年時代拜武術名師李雨山、米連科、李七桐、李書文爲師，20 歲考入東北錦州交通大學。中年在蘭州經商時又拜通備武學宗師馬鳳圖先生爲師學習劈掛拳。晚年發表了多篇關於武術名家逸事、武術研究等方面的文章，在武術界頗有影響。因功法武德卓著，殊榮甚多，曾獲全國「武林百傑」榮譽稱號和國際武術聯合會頒發的「武術貢獻獎」。家父生前曾是滄州醫學學會委員、《滄州武術志》編纂委員會委員，還擔任過陝西省武術協會副秘書長。

家父中年時期對「內功經盤根」發生了極大興趣，也進一步奠定了他將醫學、武術與生命意義相結合的思想，一生十分重視習武和養生結合。他主張傳統武術精髓加入科學性，讓更多的人從習武中養生。臟腑按摩是家父經 50

多年來爲患者、朋友治病，及爲自己練養益壽而總結積累出來的一套按摩功法。家父一生淡泊名利，始終以臟腑按摩健身養生，過著自然儉樸的生活，到他90歲高齡時，仍思維敏捷，行動自由，以96歲高齡自然平靜仙逝，真乃仁者壽也。

家父的養生思想主張「天人合一」，保養「精、氣、神」。

所謂「天人合一」中的「天」，就是大自然，「人」就是人類，大自然與人類要達到和諧統一，不要成爲敵人（依季羨林先生解釋）。惟其如此，方能構成「天增歲月人增壽，春滿乾坤福滿門」的祥和生活境界。由此不難看出，家父所仰尊的「天人合一」養生思想的深意了。

所謂保養「精、氣、神」即每日需「靜養靈根，盤養命根」，透過自身調氣、按摩以形導引產生循經流注的方法來涵養精神，培養元氣，達到提高身心健康品質，如樹根盤旋一樣打好健康基礎。

我的武術人生是在家庭的薰陶下開始的，九歲隨父學習少林拳、昆吾劍。入西安體育學院運動系後師從武術名家馬振幫先生。少年時期得益於通背武學大師馬賢達先生傳教劈掛拳、翻子拳、提袍劍等。我自幼親近中醫，除幼年隨父習武外，家父還親自爲我引拜了三位名師：一位是太極拳名師申子榮，另一位是吳式太極拳名師文功遠，還有一位是針灸大師蘭友勤，以此希望我日後走上善醫習武的道路。曾有一段時間我終日背穴名、撚針包，喜讀中醫典籍。然而命運最終把我定格在武術套路專業訓練上，一生都在運動訓練氛圍中渡過。

在多年訓練感悟中，特別是從教後，文功遠老師親手教我太極推手，陳式太極拳大師王西安親自教我陳式老架、新架，讓我對太極拳體用意義有了較深的理解。深感太極拳是有著古老的哲學思想，深厚的傳統文化內涵，科學的技法和體用多功能價值的拳法。

《太極盤根功法》主要收集了家父多年研究的臟腑按摩、練養益壽功法，又結合我本人練太極拳的心得體會，而研編成的一套練養結合、技藝結合的太極拳教材。此功法注重以「天人合一」理論的整體觀爲依據，以經絡爲基礎，循經而行，調氣補腎，以加強氣機氣化爲目地。透過臟腑按摩運動，增強相關臟腑的功能，透過手部的纏旋摩運，達到健腦強身的作用。並以此激發人體固有的機能和潛在的機能，經反覆錘煉，將宇宙能量逐漸轉爲人的體能，使它們在人體的經脈、穴位、諸生命功能系統中昇華，使人的身心高度統一、協調，獲得最佳生命功能狀態，以期達到最佳生命品質。

家父晚年融匯內功經、經絡學、氣血學說，還自己習練一套盤養益壽密功、補養藥灸密功和靈根靜養坐功。我的愛女孫晴自幼生活在她外公外婆身邊，五六歲時便隨外公踢腿打拳，背記「湯頭歌」，長大後隨了她外公心願攻讀中醫，成爲一名醫生。因自小看著外公每日習練養生功，所以家父晚年自練自養的盤養益壽密功多是她收集編整。待系統整理後另作發表。

此作因是教材，除其有規範性、準確性以外，作者深知它的內容實在是中國傳統文化的組成部分，因之，有意突現了它的理論性、科學性以及專業文化內涵。同時又對

其操作性和實用價值做了精心設計和研究。耕耘望有收穫，企盼它爲廣大讀者喜聞樂見並有好的效果。

此書出版之際，首先感謝通備武學大師、著名武術教授馬賢達前輩爲此書作序。感謝原中國武術運動管理中心主任、中國武術協會主席兼國際武術聯合會秘書長王筱麟先生，日本武術太極拳聯盟副會長兼亞洲武術聯合會秘書長村岡久平先生，陳式太極拳大師王西安老師，著名武術擊技家佟慶輝先生的鼓勵和題詞。感謝陝西省政協副主席劉石民先生，西安華潤包裝有限公司董事長周潤先生的指導，感謝胡耘先生的眞情資助，感謝馬文國博士攝影以及陳光遠先生、李紅飛先生和門生徐瑛、蕭關際、烏福娟的支持和協助。

由於作者水平有限，錯誤和疏漏之處在所難免，誠望有關專家和廣大讀者指正。

徐毓茹

序

　　徐雨辰先生，以九十六歲高齡辭世。徐老的一生，以武藝、醫藝、書藝三藝一體爲宗旨，譜寫了文通武備的光輝一生，爲武術界樹立了德藝雙馨的楷模，爲後輩留下了彌足珍貴的武學瑰寶。

　　徐雨辰先生出身於武術之鄉滄州的名門望族，先輩在前清年代有武狀元功名，故後輩習武之風蔚然。在民國年間徐雨辰先生獲取大學學歷，又努力進取，閱師頗多，青年時期先後拜李雨三、米連科、李七桐、李書文、郝鳴九等爲師，以上這些大師，都是近現代武術史上有巨大影響的泰斗級人物。中年時期，也就是到1950年，在蘭州投通備武學宗師馬鳳圖門下，師生二人相見恨晚，在相處的日月裏，師徒徹夜長談，從此加固了馬鳳圖先生一生所倡導的「三藝一體」、「文通武備」的通備武學思想。在他的晚年，爲追思他的業師馬鳳圖先生，曾留了這樣的詩句：「醫追張仲景，武媲戚繼光，渤海大通備，吾師世無雙」的詩句，並把它書寫懸掛在鏡前。在徐老的後半生受馬老的武學思想影響較深。

　　在我國傳統的理念中，每個家族、家庭都有「堂號」「齋號」，徐老承繼馬老的堂號「三樂堂」，定自己的堂

號爲「三樂齋」，這是何等地尊師之舉，這是他的美德所彰，令後輩景仰行止。

徐老的榜樣作用，激勵著子女的成長，其子徐和升，幼承家學，現爲西安中學的高級教師。其女徐毓茹，自幼習武，少年時期入選陝西省武術隊，成爲陝西武術隊第一批優秀運動員，多次參加全國比賽並培養出多名全國及世界冠軍，退役後，執教陝西省武術隊暨國家武術隊，在亞運會、世錦賽、第29屆奧運會特設2008北京武術比賽上，她培養的多名選手獲得冠軍，爲國家做出了卓著的貢獻，這一切都說明在徐氏家族的血脈中，隱含著極深的武學積澱。任何學術都有家族傳承影響的烙印，武學自不例外。

我和雨辰老師在1950年相識，徐老是我的學長。1954年我大學畢業後，分配到陝西師範大學教書，到西安後和徐老相處了半個多世紀，在我們相處的歲月裏，我對這位德藝雙馨的學長尊敬有加，他對我的每一點進步，都是倍加鼓勵，在他老的遺著面世之際，我願作序，以表懷念之情。

張隙遠
2008年春

目　錄

第一章
太極盤根功法概述

　　太極盤根功法是以中醫理論為基礎，以現代科學為指導，從人體生命整體觀角度出發，透過意、氣、形導引；手部、足部、臟腑按摩，疏通經絡，調節陰陽，壯其筋骨，聚集能量，用練養結合的方式達到保養精、氣、神，從而保持人的生命穩態，提高生命的質量。

第一節　太極盤根功法作用

一、保養「精、氣、神」

　　傳統中醫認為人體是一個高度統一的整體，內外各處息息相關。儘管在形式上人是由五臟六腑、四肢、表裏等局部構成，但在功能上卻是一氣貫穿的。

　　人體的整體健康有賴於身體各部分功能的協調配合，在正常生理狀況下，經絡內聯臟腑，外絡肢節，網絡全身，成為運行、營衛氣血的通路，使人身成為一個完整的

統一體。而一旦其中某個部位發生病變則表症傳裏，裏症達表，相互傳遞，引起其他部分或整體病變。

人體的另一表現是局部反映整體，通過局部可以調節整體，如透過對手掌、足底等部位的按摩可以達到調理全身的作用。太極盤根功法正是以這種整體觀為依據，透過手部、足部、臟腑按摩運動來達到導引、調節全身，以加強氣機氣化能力為目的，用定步樁功形式，先從靜心、養氣、通經入手使宇宙能量轉為體能，從而使人體得到調養滋補。

在此基礎上以行步樁功和套路演練進一步練養調身，強健筋骨，增強精、氣、神，使充足的內氣與宇宙的外氣在交換中不斷錘煉，使它們在人體的經脈、穴位，諸生命功能系統中昇華，獲得最佳的生命質量。

二、 疏通經絡，調氣補腎

經絡是人體經脈和絡脈的總稱。經絡是運行氣血的通路。它遍佈全身，溝通氣血、外達體表、內及臟腑、上下聯絡「行氣血而營陰陽」。因此調經絡可調全身。經絡通暢，則臟腑功能正常，經絡不通，則全身陰陽失調，整體聯繫受到干擾和破壞，從而產生疾病，所謂「通則不痛，痛則不通」。

人體的經絡主要有十二正經、十二經別、奇經八脈、十五別絡等。

十二正經與五臟六腑密切相聯，其品質如何，直接影響臟腑功能，為全身經絡的主幹部分。十二經脈對稱地分佈在身體的兩側，凡循行在肢體內側，與臟相連結的經脈

叫陰脈；凡循行在肢體外側，與腑相連結的經脈叫陽經，經別為正經之別支，輔助正經，滋養臟腑。

奇經八脈則是十二正經傳注的紐帶，平衡其中真氣的盛衰。絡脈為橫向分佈的路線，在表裏與經脈相接合。

太極盤根功法在注重十二臟腑所屬的經脈外，尤其注重奇經八脈中任、督二脈的充實與暢通。明代醫學家李時珍說：「任、督二脈，人身之子午。」任、督二脈同出於會陰。任脈行於體前，督脈行於體後，任、督二脈上行之後互接於口唇內。

任脈起於小腹內，下出於會陰部，沿著胸腹正中線，向上經過關元等穴，到達咽喉部，再上行環繞口唇，經過面部，進入目眶下（圖1-1）。

任脈的循行路線與人體生殖系統相對應，具有強身健體

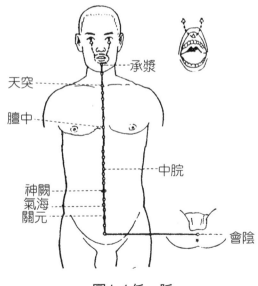

圖1-1任　脈

的作用。任脈為「陰脈之海」，保健或者刺激任脈經穴，可以起到保養或者調節人體的陰經。任脈特殊的生理作用以及與衰老的密切聯繫，告訴我們在生活中注意保養與調節任脈，能起到延緩衰老的作用。

督脈為全身之陽脈的總匯，起於小腹內，下出於會陰部，向後行於脊柱的內部，上達頸後風府，進入腦內，上行頭頂，沿前額下行至鼻至口唇（圖1-2）。

督脈的「督」，有總督、督促的意思，主要循行於背部，背為陽。說明督脈對全身陽經之氣有統率、督促的作用，故有「總督諸陽」與「陽脈之海」的說法。

督脈的功能主要有調節陽經氣血；反映腦髓與腎的功能，督脈行背脊裏，入絡腦，又絡腎，與腦、髓、腎關係密切。百會有「三陽五會」之稱，即足三陽經與督脈、足

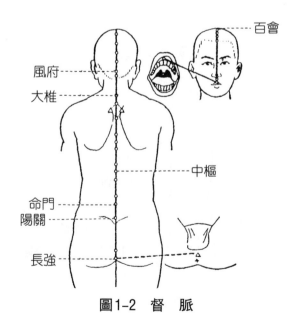

圖1-2　督　脈

厥陰肝經的交會穴，是人體陽氣聚集的地方。具有開竅醒腦、回陽固脫、升陽舉陷的功能。

中醫學認為「經氣」即為內氣，一般是指維持人體生命活動的基礎物質，是人體內臟組織機能活動的動力。「腎是先天之本，精神之舍，生命之根」。關於腎氣，明朝張景岳指出：「五臟六腑之陰，非此不能滋，五臟六腑之陽，非此不能發。」腎為「作強之官」，腎氣足則筋骨強健。「腎主骨」，骨生髓，「腦為髓之海」。可見腎臟不僅關係著內臟功能的調理，而且與強健體質開發智能也密切相關。腎臟對人體生命這個大系統的平衡穩定，起著至關重要的作用。

另外，以臍為中心的丹田與兩腎和全身臟腑有著密切聯繫，也是養氣調腎的重要場所。按傳統中醫調養原則，養生先從調氣入手，只有內氣充盈人體機能才能旺盛。

太極盤根定步樁功、龍身吸氣式等主要用意念調動人體內氣，要求意行氣行，氣行血行，循督脈由長強穴上行百會，下行人中降至任脈，再由承漿、膻中直達氣海，反覆循行聚集儲存於下丹田，這裏的「丹田」即為任脈之氣海穴。

丹田與人體的元氣相通，是元陽之本、真氣生發之處，更是人體生命動力之源泉。丹田可以鼓舞臟腑經絡氣血的新陳代謝，使之流轉循環生生不息。

功法中所謂的「氣沉丹田」，其實就是腹式呼吸，將所有的氧氣運輸至丹田深處並逐漸下降到小腹臍下，這時會感到有一團熱氣彙集在丹田處，熱氣再往下沉聚到會陰部，這樣能使全身氣血鼓蕩，加速流通。透過行氣通經使

腎臟經氣得到充實，達到聚氣養腎之效果。

三、透過按摩增強臟腑功能

中醫認為，人體是由氣、血、脈、骨、髓、腑等組成的，它們相互依賴，具有不可分割的陰陽關係。氣和血、筋和脈、骨和髓、腑和髒都是互相為用的。氣為血之帥，氣行則血行，氣止則血止。筋為脈之使，筋動則脈急，筋靜則脈緩，骨為髓之舍，骨堅則髓實，骨軟則髓虛。腑為臟之表，腑壯則臟盛，腑弱則臟衰。它們之間有經脈連貫、氣血運行，其中臟腑起著主導作用，它配合五行（木、火、土、金、水）起著相互生剋、相互制約、相互維持其平衡的作用，並影響著氣、血、筋、脈、骨、髓等各方面的正常生理功能。

臟腑經絡之氣輸注於體表的部位叫「穴位」，是氣血交換、交叉、聚合的地方，是臟腑氣體運化的場所。

人體的五臟是指心、肺、脾、肝、腎。另外，心之外還包有一層包膜稱心包。其共同特性是化生和貯藏經氣。六腑是指膽、胃、小腸、大腸、膀胱和三焦，其共同生理功能是運化水穀。

按中醫陰陽學說分類，五臟屬陰，六腑屬陽。臟與臟、臟與腑、腑與腑之間有著密切的聯繫，主要是傳化關係，共同完成飲食的消化、吸收和排泄。根據經絡學說，心與小腸、肺與大腸、腎與膀胱、肝與膽、脾與胃都是由經絡互相連接的，在生理、病理上是相互影響的。

中醫內科學按部位分類：三焦指上焦、中焦和下焦的和稱。具有通行原氣、運行水液等生理功能。胸膈之上為

上焦，包括心、肺和頭面部，主宣發衛氣，敷布水穀精微和津液，發揮營養和滋潤全身的作用；膈以下，臍以上為中焦，包括脾、胃、肝、膽，主消化、吸收並輸布水穀精微和津液；臍以下為下焦，包括小腸、大腸、腎、膀胱、女子胞、陰部等，主泌別清濁，排泄糟粕和尿液。

太極盤根定步樁功中的導引功法主要是透過手指、手背、手掌的螺旋形纏旋、摩運動作使氣和力分別對膻中穴、中脘穴、氣海穴、章門、帶脈、京門、陽關、命門等要穴進行點刺按摩，激發經氣，對啟動、增強臟腑功能有著雙重功效。其主要是：

一促進心肺功能，使氣血周運全身，使肝氣順達舒展，氣機暢通，促進氣血運行。

二在運動中四肢、肌肉可促進脾胃的運化功能，使水穀之精源源不斷地輸送和營養全身。改善機體的血液循環和新陳代謝，起到增強機體免疫力和協調內分泌的作用。

四、透過手的纏旋、摩運健腦強身

中醫學《素問‧太陰陽明》篇記載：「人身陰氣……循臂至指端，陽氣以手上行。」它指出手是經氣彙聚之處。按經絡學介紹，手三陰均從胸沿臂內側走至手，交接手三陽；手三陽經循臂外側走至頭，交於足三陽。

足三陽經從頭、胸、腹、背、肋，沿下肢外側，交接於足三陰；足三陰經再從足循下肢內側經腹至胸，交於手三陰經。其中手三陰經和手三陽經的起止點全在手部。古人說「十指連心」，古人說的心即是指腦的功能，說明手與腦有著密切的聯繫。

現代醫學研究證明，人的機體雖然非常複雜，但它確實是由父母各占一半的遺傳細胞變化而來，人體的每個局部都有整體的訊息，如頭、手、耳、小腿、足都不例外。每個局部又叫全息元，全息元無論大小，都按一定規律反映著整個機體的全部訊息，這也叫「全息律」。每個這樣的局部都含有全身器官和部位的反射區（點），都包含著一組與人體全息對應的穴位群，從手部看每一指骨與掌骨均有一組生物全息穴，這些全息穴位和內臟相關。因為手部在大腦皮質的感應分析器中佔有重要地位，當受到刺激後信息會很快地傳入大腦皮質引起明顯反射。

　　在被醫學界公認的手部第二掌骨全息位點包括頭、肺、肝、胃、腰、足（圖1-3）。另外，還有手掌大魚際的反射區或反射點（圖1-4）。

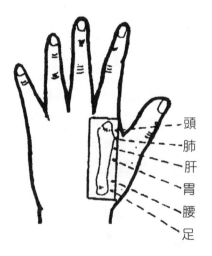

頭
肺
肝
胃
腰
足

圖1-3　手第二掌骨全息圖

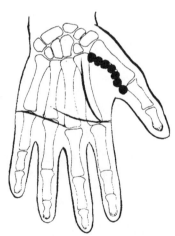

圖1-4　手掌第一掌骨尺側
　　　　敏感點

透過刺激大魚際的敏感部位，可以治療多個臟器的疾病，而且效果很明顯，如刺激排列在腕部的生殖器反射點對調節腎功能有很好的效果。

太極盤根導引椿功中以手指、手背、手掌、手腕對臟腑穴位以及雙手相互做的點、按、纏旋、摩運動作，本身是一種雙向按摩，對反射敏感區有刺激效果。它對緩解腦疲勞，調整緊張情緒，增強記憶力，提高靈敏反應，提高工作效率都行之有效。均能起到調節五臟六腑，疏通全身經脈的作用，達到營衛氣血通達之目的。

五、內外兼修，體驗武術文化，享受心靈養生

太極盤根功法，從內容上分定步椿功、行步椿功、演練套路和推手椿功四部分，各自有著不同的特點和作用。定步導引椿功中的站椿和龍身吸氣椿以靜心、養氣、補腎為主。從肢體形式上以外靜內動為主，重練丹田氣。

臟腑按摩椿則以按摩形式協調臟腑功能為主，重在氣化。可以說定步導引椿功更注意內養。而行步導引椿功、演練套路和推手椿功從形式上是以動為主，更注重以內氣、內意導引形體動作達到意、氣、勁的統一，圍繞技擊攻防含意做各種複雜的姿體動作以展示神形兼備，內外合一的形象，更全面地體現太極拳既健身又練技，養練相兼，內外兼修的雙重功效。

技擊是武術的靈魂，是武術的屬性，太極拳也不例外。雖然太極拳的內涵豐富、養生價值獨特，但其精髓仍在於它剛柔相濟的技擊功能。如果丟掉了它的技擊含意，

則失去了它的真諦。不講技擊的太極拳套路，不是完整的套路。

在練習中只有懂得每個動作的技擊內涵，再經過反覆練習，才能體會到太極拳意、氣、力相接合的「整勁」和用力技巧。即法從意中生，式以法為準，勁從法中來，著從勁中變。只有掌握了太極拳的技法，才能使拳架更規範，人體反應更靈敏，抗擊打能力更強。才能越練興趣越濃，越練功夫越深。

太極盤根功法，它不僅可以用來鍛鍊人的體魄，提高演練技藝，而且鍛鍊人的情操，完善人的精神世界。太極拳的技擊用法把攻與防，化與打，引與進都包含在一個螺旋式的運動中，從而化打結合，化中有打，打中有化，攻中有防，防中有攻，陰陽相兼，剛柔相濟。其包含著深厚的哲理。是體驗武術文化的過程。

太極盤根功法練養結合，內外兼修的思想是中國武術體用思想、技擊思想的體現，突出強調了以靜養神，以動養身，注重動靜結合，順時而動的思想原則和以技擊為主要健體強身的傳統思想內容。

在強身健體的同時，又在陶冶情操、豐富情感、提高娛樂情趣方面顯示著獨特的魅力。

練習中把拳理與修養結合起來，從文化和心靈的角度來認識生命和生活。可以使自己的身心更好地適應自然環境、社會環境，使自己的健康質量更高，生命意義更完美。

第二節　功法要領

一、鬆靜身正

「鬆靜」主要指精神方面要放鬆。

首先，解除思想情緒方面的緊張，排除雜念，這樣就可減少人體不必要的損耗，合理節約能量，在靜的基礎上蓄氣聚能，在靜中導引行氣。

其次，身體肌肉不要僵硬緊張，肌肉放鬆，血液流動量可提高，能促進血液循環。

「身正」是指在形體方面調節到最佳體位狀態。主要指腰脊中正。脊柱是脊髓神經所在部位，是督脈通行的部位。身正首先是頭部提頂豎項、虛靈頂勁，頭頂的百會穴似有一線輕輕上提，胸、腰、椎骨自然鬆垂，斂臀、沉肩、墜肘、塌腕、舒指，使椎骨關節間隙均勻，受力均衡，百會與長強穴相互灌注，有利於任督二脈內氣運行，經絡疏通，氣血通暢，神意上通下達，全身動作協調有序，做到神形自覺結合起來，達到鬆靜。在運動中則有利於穩定重心，在技擊對抗中根基穩固。

二、意氣相隨

主要是指用自己的意念活動去影響呼吸和內氣的運行，做到以意領氣，使體內的氣息運動和意念活動一致。

這裏所謂的「氣」包涵兩個意義：一是指肺部出入交

換的空氣，二是自己感覺到的隨著呼吸的節奏在體內循環的「氣」，這也是所謂的「潛氣內行」。

龍身吸氣式是本功法導引養生的重要動作，循任脈下行時意守丹田，做升降開合動作時存想配合呼吸上通百會穴，下貫湧泉穴，旨在使氣協調順暢地循經絡血脈運行不止。

做臟腑按摩導引動作時，注意呼吸勻細深長、動作緩慢。手部勞宮穴、關衝穴、少澤穴、少商穴、商陽穴、少衝穴等對膻中穴、中脘穴、氣海穴、章門穴、陽關穴等主要穴做點、按、摩運動作時要用意念、存想配合呼吸游走，意到氣到。

三、內外相合

「內」指的是在大腦皮質支配下的「意念活動」，在人體內的功能表現：

其一是統領內氣沿人體的經絡運行。其二是對人體的形體運動具有指揮作用，且這種指揮是帶有攻防意識的形體動作。

「外」是指肌肉、骨骼、關節透過神經系統指揮由肌肉牽拉骨骼，繞關節進行準確、規範、協調地完成形體的各種姿勢變化和功能活動。

在套路演練中，「內外相合」可以理解為精神作用、軀體活動與呼吸相配合，相輔相成、相互關聯、互為呼應的整體運動。只有「內」發出攻防、進退的心志意向，外部的運動器官、肌肉、關節才能按指令有序地做各種動作。

在套路攻防演練中大多是用假想性和象徵性的意識引導動作。

四、以身帶臂，身步相隨

在人體生理結構特徵中脊柱為運動中軸，而腰是人體重心的所在點，是上體和下肢轉換的關鍵，對全身動作的變化，調整重心的穩定，推動勁力達到肢體遠端等起著重要作用。

從用力順序來講，上肢的力起於腰，行於肩，通於臂，達於手掌。做下肢動作時，腰催動胯，行於膝，達於腳。拳語說：「力從脊發」「腰為主宰」以身帶臂講的是腰胯領先帶動兩臂協調地做各種動作。

太極拳的本質是攻防技擊，主要在攻防意識支配下通過肢體做各種旋轉、滾動、移動，從而產生合力、分力等力學效應，達到穩定自己、破壞對方重心、借力打擊對方、以巧制勝的目地。只有在攻防意識指揮下，上身和步法協調配合，身步相隨，才能使重心在運動中始終在支撐面內，並具備高度的調節能力，這也就是常說的「中定」功夫。

在練習初級階段，首先要注意形體中正，意氣相隨，明確動作的基本方法，注意步法和上身動作在何時、何位進退轉換，隨時調整好自己的重心，做到意、氣、力相合，周身完整一氣，再經過反覆的練習才能達到「中定」的境界。

從健身意義講老年人肌肉力量逐步減退，特別是下肢支撐平衡能力減弱，練習太極拳時，調節全身虛實變化，

照看好自己的重心對訓練前庭分析器，提高本體感覺，增強平衡能力，減少老年人因腿部動作無力、不靈活而造成的失重跌倒狀況有很大的幫助。

第二章
太極盤根樁功

第一節　定步導引樁功

一、站　樁

1. 捧氣歸海

①兩腳併攏，身體自然直立；頭頸正直，下頜微收，胸腹放鬆，肩臂鬆垂，兩手輕貼在兩腿外側；精神集中，排除雜念，眼向前平視；意想頭頂藍天，腳踩大地，自己和天地融為一體。（圖2-1）

圖2-1

圖2-2

圖2-3

②左腳腳跟、腳尖依次緩緩提起，向左開步，兩腳距離與肩同寬，腳尖朝前，重心落在兩腿之間。（圖2-2）

③以小指引領，兩掌內收，掌心向下，沉氣微按。（圖2-3）

④兩手腕同時向外旋，兩臂屈肘，兩掌緩緩上抬至胸前，掌心相對，指尖向上，兩掌間距約20公分，神存勞宮穴；隨後，兩臂內旋，兩掌心向下緩緩按於臍下氣海穴處。（圖2-4、圖2-5）

【要點】旋腕要以小指引領。神存勞宮穴（手心），使氣血上注勞宮，下貫湧泉（足掌心），兩掌下按時，大拇指尖輕貼腹前，中指尖（中衝穴）相對，心安神靜，頭頂虛領，含胸腹鬆，氣存氣海穴。意想自己融於大自然中，氣息力求自然，舌頂上齶，腳趾抓地。舒指，虎口圓

圖2-4

圖2-5

撐，掌心微凹，有利於氣血
循環。此勢可多停幾秒鐘以
領神聚氣。

2. 捧　手

　　兩腿屈膝，身體緩慢半
蹲；同時，小指引領兩掌外
旋，掌心向上，兩臂屈肘，
兩掌捧氣上抬於胸前，掌心
向裏，呼吸自然，目視兩手
中指尖中衝穴，意想氣血循
注勞宮穴（手心）。（圖
2-6）

圖2-6

圖2-7

圖2-8

3. 中衝養氣

兩肘外撐，兩掌內收，中指尖相互對接，目視中指，存神兩掌，兩臂抱圓擴撐，使胸腔及兩肋有充實感，意氣鼓蕩，開氣舒脈，有利於周身經脈疏通，內氣循行。（圖2-7）

4. 龍　蟄

兩臂內旋，兩掌外翻擴撐，兩虎口撐圓相對，兩大拇指與肩同寬，兩掌高與頭平，掌心向外。意想由會陰提氣沿脊柱順督脈上行頸後大椎，直上頭頂百會穴，然後由百會穴自兩耳頰分別過兩目外側到舌根，舌尖舔上齶，將氣引入任脈下胸前膻中、中脘入氣海穴，再將氣沉入會陰。（圖2-8）

圖2-9

圖2-10

5. 玉樓採氣

　　兩臂外旋，兩掌成仰掌平托之勢，舒指，撐圓虎口，呼吸自然，拔頂豎項，存神百會，意在百會穴與天相接，採氣納入胸中，循臂內側領入手指，經臂外側過耳後上行，繞兩目經面頰下行至體前側，降氣入踵至湧泉穴，通地陰之氣，腳趾摳地領氣上行，循大腿內側導引入胸部。（圖2-9）

6. 捧氣歸海

　　①兩臂內旋，兩掌下按至腹前，兩掌指尖前伸，以大拇指引領兩掌外旋，前臂緩緩上抬至胸前，掌心斜向上，眼看指尖。（圖2-10）

圖2-11

圖2-12

②兩掌內旋，掌心相
對，指尖向上，神存勞宮
穴，兩臂內旋，兩掌心向
下，中指尖（中衝穴）相
對，緩慢按於臍下氣海穴
處，大拇指尖輕貼腹前，同
時兩足底用力踏地，伸膝直
立。（圖2-11、圖2-12）

【要點】同捧氣歸海。

③兩臂外旋，兩掌輕貼
兩腿外側，輕提左腳向右腳
併攏直立，眼向前平視，收
功。（圖2-13）

圖2-13

圖2-14　　　　　　　　圖2-15

二、龍身吸氣樁

1. 捧　手

①兩腳併攏，身體自然直立；頭頸正直，下頜微收，胸腹放鬆，肩臂鬆垂，兩掌輕貼在大腿外側，呼吸自然；精神集中，排除雜念，眼向前平視，意想頭頂藍天，腳踩大地，自己和天地大自然融為一體。（圖2-14）

②左腳腳跟、腳尖依次緩緩提起，向左跨一步，兩腿屈膝下蹲成馬步，雙腳尖向前，重心落在兩腿之間；同時，兩掌舒指內收，以小指引領，掌心向下，沉氣微按，然後兩手腕同時向外旋，意想體中內氣由肩順前臂游向手大拇指，與天地之氣融合捧在掌中。兩臂屈肘緩緩上抬至胸前，兩掌心向裏，眼平視前方，稍停幾秒鐘。（圖2-15）

圖2-16

圖2-17

2. 青龍擺尾

①兩掌內旋，以大拇指引領轉掌心相對，手指尖向上，意想將肺經之氣聚在勞宮之中相吸相引，稍停。（圖2-16）

②吸氣，兩臂內旋，以中指引領轉掌心向下，下按至膝前兩側，隨著兩掌下按將氣徐徐呼出。意想內氣沉於氣海穴，兩手中指引領由膝內漸漸轉向膝外，意想一股熱流向下直通湧泉穴。眼隨手走，目視膝前右側。（圖2-17）

3. 轉斗捧氣

接上式。兩臂沉按外旋，舒指，以中指引領屈臂將掌收於胸前，掌心向裏；同時，用鼻做深長吸氣，然後，自

圖2-18　　　　　　　　　圖2-19

然呼出，意想捧天地之氣向中衝穴提引，使氣由腳下湧泉
穴經由腿內側上升至膝，繼續向上導引入長強穴（即尾閭
處），沿脊柱入督脈再上行至頭頂百會穴，然後由百會穴
自兩耳頰分別過兩目外側到舌根，舌尖舔上齶，將氣引入
任脈，下至胸前膻中穴、中脘穴，入氣海穴，目視中衝
穴。（圖2-18）

4. 青龍抬頭

　　兩臂內旋，兩掌心相對，舒指，指尖向上；神存勞宮
穴。目視中衝穴。（圖2-19）

5. 龍身吸氣

　　兩臂內旋，兩掌立掌向前緩緩推出，掌心向外，兩臂

圖2-20

圖2-21

微直；同時，深吸氣，意想將出陰入陽之經氣會同百會穴所採之氣經沿任脈送入氣海穴。（圖2-20）

6. 青龍探爪

兩掌成俯掌，掌心向下，徐徐呼氣。意想內氣由腹至胸，經臂內側沿手太陰肺經，送至大拇指少商穴。（圖2-21）

7. 玉樓採氣

兩臂外旋，兩掌上抬成仰掌平托之勢，掌心斜向上，舒指，虎口撐圓，吸氣送入腹部，再徐徐呼出，然後自然呼吸。意想將氣流下達尾閭長強穴，沿督脈上行至百會穴，下行至上齶，用舌尖輕舔上齶，將口中唾液慢慢向下

圖2-22　　　　　　　　　　圖2-23

吞咽，隨著吞咽將氣流下行至氣海穴，再沉氣會陰繼續下一個循環。（圖2-22）

8. 中衝對接

①兩臂內旋，兩掌向下按至腹前，兩掌指尖前伸，以小指引領兩掌外旋；同時，做深吸氣，兩臂屈肘上舉至胸前，掌心向裏，眼看中指尖。意想氣血循注勞宮穴。（圖2-23）

②上動不停。兩肘外撐，兩掌內收，掌心向裏，中指尖相互對接，目視中指；同時，緩慢呼氣，意想氣流從臂外側經肩上行至百會穴再到兩目，過兩目下行至體前，循大腿外側下行至足底湧泉後沿大腿內側導引入胸，上行至臂內側再入勞宮穴。（圖2-24）

圖2-24

9. 龍身盤氣

①兩掌內旋，掌心向外翻撐，舌尖輕抵上齶，意想將百會穴與天相接採氣，入任脈經膻中降入氣海穴；同時，用鼻做深長吸氣，前臂慢慢前伸，兩掌虎口圓撐相對，兩掌高與胸齊。（圖2-25）

②前臂慢慢前屈，收回胸前；同時，用鼻呼氣，存神氣海穴（意守丹田）。（圖2-26）

③前臂慢慢向上、向前舒伸，兩掌高與耳齊；同時，用鼻做深長吸氣，將百會穴所採之氣納入任脈，降入氣海穴。（圖2-27）

④前臂慢慢前屈，收回胸前；同時，用鼻呼氣，存神氣海穴（意守丹田）。（圖2-28）

圖2-25

圖2-26

圖2-27

圖2-28

圖2-29　　　　　　　　　圖2-30

　　⑤前臂慢慢向上、向前舒伸，兩掌高與額頭齊；同時，用鼻做深長吸氣，將百會穴所採之氣納入任脈，降入氣海穴。（圖2-29）

　　⑥前臂慢慢前屈，收回胸前；同時，用鼻呼氣，存神氣海穴（意守丹田）。（圖2-30）

　　⑦前臂慢慢向前伸，兩掌高與胸齊；同時，用鼻做深長吸氣，意想將百會穴與天相接採氣，入任脈經膻中降入氣海穴。（圖2-31）

　　⑧前臂慢慢前屈，收回胸前；同時，用鼻呼氣，存神氣海穴（意守丹田）。（圖2-32）

　　⑨前臂慢慢向前下方舒伸，兩掌高與小腹齊；同時，用鼻做深長吸氣，意想將氣海穴之內氣下送會陰處的長強穴，提氣沿脊柱順督脈上行至頭頂百會穴，再下行入任脈，下行經膻中、中脘穴入氣海穴。（圖2-33）

圖2-31

圖2-32

圖2-33

圖2-34

　　⑩前臂慢慢前屈，收回胸前；同時，用鼻呼氣，存神氣海穴（意守丹田）。（圖2-34）

圖2-35　　　　　　　　圖2-36

⑪前臂慢慢向前下方舒伸，兩掌心朝向膝關節處；同時，用鼻做深長吸氣，意想將氣海穴之內氣經環跳穴循大腿外側下行至足底湧泉穴，沿大腿內側導引入胸，再沿臂內側入勞宮穴。（圖2-35）

⑫前臂慢慢前屈，收回胸前；同時，用鼻呼氣，存神氣海穴（意守丹田）。（圖2-36）

10. 捧氣歸海

①兩掌微外展外旋下按至腹前，兩掌指尖前伸，隨後，以大拇指引領，兩掌繼續外旋，兩臂屈肘上抬至胸前，掌心向裏，眼看指尖。（圖2-37）

②兩掌內旋，掌心相對，指尖向上，神存勞宮穴；然後，兩臂內旋，兩掌心向下，大拇指尖輕貼腹前，兩中指尖（中衝穴）相對緩慢按於臍下氣海穴；同時，身體重心

圖2-37

圖2-38

圖2-39

右移，左腳腳跟、腳尖緩緩提起向右腳內側收回，兩腳與
肩同寬，落地踏實，伸膝直立。（圖2-38、圖2-39）

圖2-40

圖2-41

　　③兩臂外旋，兩掌輕貼兩腿外側，輕提左腳向右腳併攏直立，眼向前平視，收功。（圖2-40）

　　【要點】龍身盤氣是龍身吸氣椿功中打通任督二脈，調養氣血的最有效功法，上舉額頭下盤雙膝的上、中、下三層動作要練慢，每層重複三遍為宜。

三、臟腑按摩椿

1. 雙龍入海

　　①兩腳併攏，身體自然直立，頭頸正直，下頷微收，胸腹放鬆，肩臂鬆垂，兩掌輕貼在大腿外側；精神集中，排除雜念，呼吸自然，眼向前平視，意想頭頂藍天，腳踩大地，自己和天地大自然融為一體。（圖2-41）

圖2-42

圖2-43

　　②左腳腳跟、腳尖依次緩緩提起，向左開步，兩腳距離與肩同寬，腳尖向前，重心落在兩腿之間；同時，兩掌內收以小指引領，掌心向下，微按。（圖2-42）

　　③兩臂外旋，兩掌捧氣經胸前上抬，兩掌小指順鼻翼輕擦上舉至額前髮際，十指微屈成虎爪狀。（圖2-43）

圖2-44

圖2-44附圖

④十指分開，兩手自前髮際向後輕輕點按頭皮，兩手點到天柱穴（後正中線入髮際半寸，入旁開1.5寸處）時，以拇指、食指和中指捏頸後天柱穴，依次往下推捏8次至大椎穴（在後正中線的第7頸椎與第1胸椎棘突之間）。（圖2-44、圖2-44附圖）

⑤用兩中指肚點按大椎穴8次，然後兩掌內收，手指順頸部兩側向前、向下（手背相對），順著胸前食指輕擦胸腹，沿任脈下降至氣海穴。（圖2-45、圖2-46）

圖2-45　　　　　　　　圖2-45附圖

圖2-46

圖2-47　　　　　　　　　圖2-48

⑥兩腿屈膝半蹲；同時，兩臂外旋，兩掌翻轉向上捧氣上抬至胸前，掌心向裏，呼吸自然，目視兩掌中指尖中衝穴，意想氣血循注勞宮穴。（圖2-47、圖2-48）

⑦兩掌經面頰向上舉至頭頂，身體隨雙掌上舉緩緩站起，兩掌心向後，隨後，兩手腕捲屈，指尖向下，兩掌背沿頸後輕擦，然後兩掌內收順頸部兩側向前、向下（手背相對）滑落，順著胸前食指輕擦胸腹，沿任脈下降至氣海穴。（圖2-49、圖2-50）

⑧兩腿屈膝半蹲；同時，小指引領兩掌外旋，兩掌翻轉向上捧氣緩緩上抬至胸前，掌心向裏，眼向前平視，存神勞宮穴。（圖2-51、圖2-52）

【要點】呼吸自然，可用手指反覆點按頭、頸穴位。頭為人體陽經彙聚之地。雙龍入海用十指點按頭、頸部穴

圖2-49

圖2-50

圖2-51

圖2-52

圖2-53

圖2-53附圖

位，並引導頭部虛陽下降，可通經活絡，促進頭部氣血循行，養血健腦，強心益氣。

2. 氣運陽關

①接上式。兩腿仍保持屈膝半蹲狀態，上身微左轉45°，眼隨左轉平視前方，兩臂屈肘內旋，兩掌翻轉從上向後下方插按，至後背腎俞穴（第二腰椎命門穴旁開一寸半處）時，用食指掌骨關節頭輕頂腎俞穴，用食指順脊柱督脈緩慢向命門穴、陽關穴、腰俞穴（第四腰椎棘突下）輕輕下推。（圖2-53、圖5-53附圖）

②兩腿仍保持屈膝半蹲狀態。上身緩慢轉正，兩掌下落至身體兩側，然後兩掌外旋，緩緩上抬至胸前，掌心向裏，眼向前平視，存神勞宮穴。（圖2-54）

③身體微向右轉45°，兩臂屈肘內旋，兩掌翻轉從上向後下方插按，至後背腎俞穴（第二腰椎命門穴旁開一寸半處）時，用食指掌骨關節頭輕頂腎俞穴，用食指順脊柱督脈緩慢向命門穴、陽關穴、腰俞穴輕輕下推。（圖2-55、圖2-55附圖）

④此動作左、右重複練4次，亦可多練幾次。

圖2-54

圖2-55

圖2-55附圖

【要點】陽關穴、命門穴是督脈上的重要穴位，腎俞穴是膀胱經上的重要穴位，反覆搓按此三穴可活躍腎氣，益精補腎，並滋養其他臟腑。

3. 三陰解帶脈

①接上式。兩腿仍保持屈膝半蹲狀態，上身慢慢轉正，兩掌下落至身體兩側，兩臂外旋，兩手腕相搭上抬，兩手指屈握右手在上，

圖2-56

左手在下成交叉狀，目視前方。（圖2-56）

②身體微左轉後再向右轉；同時，兩腕相貼，沿胸前由左、向上、向右、向左下邊畫立圓，兩腕邊畫圓邊擰轉成左手腕在上搭在右手腕上，然後向兩腕貼住腰用力向左後擰腰平移，左手心向下，右手心向上，目視左前方。（圖2-57、圖2-58）

③兩手由左沿腰帶向右平移，然後沿胸前立圓由右向上、向左、向右下邊畫圓邊擰轉成右手腕在上搭在左手腕上，然後兩腕貼住腰用力向右後探腿平移，左手心向上，右手心向下，目視右前方。（圖2-59、圖2-60）

④此動作左、右重複4次，亦可多練幾次。

【要點】兩手腕裏側互搭擰轉，使腕部太淵穴、大陵穴、神門穴相互摩運，舒暢氣機，強心通脈。雙手要用力

圖2-57

圖2-58

圖2-59

圖2-60

圖2-61

圖2-62

扣壓在腰部，並向左方或右方擰轉，可暢通經絡，消除氣滯血淤。

4. 運摩掌

①接上式。兩腿仍保持屈膝半蹲狀態，右臂前伸向前推掌，掌心向外，指尖向上，高與肩齊，左手沿右前臂內側微內收，用中指點按右前臂肘關節內側骨縫處穴位，手心斜向上。（圖2-61）

②右掌外旋收回胸部，左手內旋沿右臂內側輕輕摩運並向前推掌，掌心向外，指尖向上。右手用中指點按左臂肘關節內側骨縫處穴位，掌心斜向上。（圖2-62）

圖2-63　　　　　　　　圖2-64

③左掌外旋收回胸部，右手內旋，沿左臂內側輕輕摩運並向前推掌，掌心向外，指尖向上。左手用中指點按右臂肘關節內側骨縫處穴位，掌心斜向上。（圖2-63）

④此動作左、右重複4次，亦可多練幾次。

【要點】用中指指尖中衝穴點按肘關節處穴位（屬手少陰心經）時，神存推掌手的勞宮穴。

5. 三陽潤勞宮

①接上運摩掌左推掌。兩腿仍保持屈膝半蹲狀態。左掌向上、向左、向下畫立圓收至腹前；同時，右掌下落、向右、向上畫立圓左手背置於左手心上，兩掌相疊成合抱狀，右掌在上，兩掌心向上，高與腹齊，眼向前平視。（圖2-64）

圖2-65　　　　　　　　　圖2-66

②左掌勞宮穴貼按右掌背（外勞宮穴），兩掌上抬內旋翻腕，右掌在外，左掌用力向外推右掌背，高與胸齊。（圖2-65）

③兩臂屈肘回拉至胸前，左掌心仍緊貼右掌背，兩掌向上外旋翻腕合抱相疊於腹前，兩掌心向上，右掌在上。（圖2-66）

④重複②、③動作2次。

⑤兩掌分別內旋，右掌向上、向右、向下畫立圓收至於腹前，同時，左掌向上、向左、向下畫弧左手背置於右手心上，兩掌合抱相疊於腹前，左掌在上，兩掌心向上，眼向前平視。（圖2-67）

⑥右掌勞宮穴貼按左掌背，兩掌上抬內旋翻腕向前推按，左掌在外，左掌心向外，高與胸齊。（圖2-68）

圖2-67

圖2-68

⑦兩臂屈肘回拉至於胸前，右掌心仍緊貼左手背上，兩掌向上外旋翻腕合抱相疊於腹前，兩掌心向上，左掌在上。（圖2-69）

⑧重複⑥、⑦動作2次。

【要點】勞宮穴屬心包經，手背為外勞宮穴。在雙手做內旋翻腕時，雙手內外勞宮要貼按在一起，以激發三陽經臟腑運化功能。

圖2-69

圖2-70　　　　　　　　圖2-71

6. 纏手運章門

①接上式。身體微左轉，左腳向左跨一步成左弓步，同時，兩掌分開貼身滑移至左右腰側，食指背輕貼腰部章門穴（第十一肋骨端部）；目平視左前方。（圖2-70）

②以章門穴為支點，右手向順時針方向，左手向逆時針方向纏旋輕按章門穴，連續做3次，每次手指纏旋時，身體隨之右轉30°，目視右前方。（圖2-71）

③身體右轉，右腿屈膝前弓，左腿屈蹬成右弓步；雙手原位不動。（圖2-72）

④以章門穴為支點，右手向順時針方向，左手向逆時針方向纏旋輕按章門穴，連續做3次，每次手指纏旋時，身體隨之向左轉動，目視前方。（圖2-73）

圖2-72

圖2-73

【要點】章門穴屬足厥陰肝經，是六臟之經氣所集之處，兩手輕輕纏旋此穴，可強肝健脾，充分調動肝脾的藏血和統血功能，促進肝的疏泄及脾的運化功能。

7. 纏手理三焦

①接上式。身體左轉，左腿屈膝前弓，右腿屈蹬成左弓步；同時，左手大拇指在後，四指前按在左腰側，右手由腰側移向胸骨下膻中穴（前正中線，第四肋間隙處），用右大拇指輕輕點按膻中穴，向順時針方向旋按一圈，緊接著，食指引領中指、無名指、小指向順時針方向點按膻中穴，儘量使用指尖運摩，此動作連續做3次。（圖2-74）

②隨著右手指點、按、纏旋手腕輕提時，身體向右轉動，以配合手部下落、上提動作的協調旋轉。（圖2-75）

圖2-74　　　　　　　　　圖2-75

③身體左轉；同時，右手下移至中脘穴（臍上4寸處），用右大拇指輕輕點按中脘穴向順時針方向旋按一圈，緊接著，食指引領中指、無名指、小指點按中脘穴向順時針方向纏旋一圈，儘量使用指尖運摩，此動作連續做3次。（圖2-76）

④隨著右手指點、按、纏旋手腕輕提時，身體向右轉動，以配合手部下落、上提動作的協調旋轉。（圖2-77）

⑤身體左轉；同時，右手下移至天樞穴（臍旁左側二寸處），四指併攏，以中指第二關節指骨輕貼天樞穴，四指引領向氣海穴（臍下一寸半處）、神厥穴畫圓纏旋，此動作連續做3次。（圖2-78）

⑥右手繞臍部兩側、臍下氣海穴畫圓時，身體隨纏旋摩運動作慢慢向右轉動。（圖2-79）

⑦身體右轉，右腿屈膝前弓，左腿屈蹬成右弓步；同

圖2-76　　　　　　　　　　圖2-77

圖2-78　　　　　　　　　　圖2-79

時，右手移向腰側，大拇指在後，其餘四指在前按在右腰側，左手大拇指輕輕點按膻中穴向逆時針方向旋按一圈。緊接著，食指商陽穴引領中指、無名指、小指點按膻中

圖2-80　　　　　　　　圖2-81

穴，儘量使用指尖運摩。此動作連續做3次。隨著左手指點、按、纏旋手腕輕提時，身體向左轉動，以配合手部下落、上提動作的協調旋轉。（圖2-80、圖8-81）

　　⑧身體右轉；同時，左手下移至中脘穴（臍上4寸處），用左大拇指輕輕點按中脘穴向逆時針方向旋按一圈，緊接著，食指引領中指、無名指、小指點按中脘穴向逆時針方向纏旋一圈，儘量使用指尖運摩。此動作連續做3次；隨著左手指點、按、纏旋、手腕輕提時，身體向左轉動，以配合手部下落、上提動作的協調旋轉。（圖2-82、圖2-83）

　　⑨身體右轉，同時，左手下移至天樞穴（臍旁右側二寸處），四指併攏，以中指第二關節指骨輕貼天樞穴，四指引領向氣海穴（臍下一寸半處）、神闕穴畫圓纏旋，此動作連續做3次。（圖2-84）

　　⑩左手繞臍部兩側、臍下氣海穴畫圓時，身體隨纏旋

圖2-82

圖2-83

圖2-84

圖2-85

摩運動作，慢慢向左轉動。（圖2-85）

【要點】上、中、下三焦是氣運轉之重要部位，上焦主心肺，中焦主脾胃，下焦主肝腎，手在做點、按、纏旋

圖2-86　　　　　　　　　　圖2-87

時，手指、手背、手掌儘量參與摩運動作。

8. 纏手合陰陽

①接上式。身體左轉，左腿屈膝前弓，右腿屈蹬成左弓步；同時，左手移按在左腰側，右手腕上提，指尖向下，手心向右，用右手指背輕摩胸腹，由右胸側向上、向左、向下沿順時針方向畫圓一周至右側天樞穴，然後再向神闕穴、左側天樞穴、氣海穴畫圓一圈，當右手背畫圓至右側天樞穴時，身體隨著摩運動作慢慢向右轉動，此動作連續做3次。（圖2-86～圖2-88）

②身體右轉，右腿屈膝前弓，左腿屈蹬成右弓步；同時，右手移按在右腰側，左手腕上提，手心向裏，用左手指背輕摩胸腹，由左胸側向上、向右、向下沿逆時針方向畫圓一周至左側天樞穴，然後再向神闕穴、右側天樞穴、

圖2-88

圖2-89

圖2-90

圖2-91

氣海穴畫圓一圈。當左手背畫圓至左側天樞穴時，身體隨著摩運動作慢慢向左轉動，此動作重複做3次。（圖2-89～圖2-91）

圖2-92　　　　　　　　　　圖2-93

【要點】手法要配合下肢協調移動，移動時，呼吸也要協調配合，從而使氣血流暢，陰陽調和，臟腑生機旺盛。

9. 捧氣歸海

①重心左移，重心落在兩腿之間成半蹲狀，右手鬆落於腹前，兩掌捧氣緩緩抬至胸前，掌心向裏，呼吸自然，目視兩掌中指尖的中衝穴，意想氣血循注勞宮穴。（圖2-92）

②兩掌內旋，掌心相對，指尖向上，神存勞宮穴；然後，兩臂內旋，兩掌心向下緩慢按於臍下氣海穴處，大拇指輕貼腹前，中指尖（中衝穴）相對；同時，身體重心右移，左腳腳跟、腳尖依次緩緩提起收至右腳旁，兩腳與肩同寬，兩足底用力踏地，伸膝直立，目視前方。（圖

圖2-94

圖2-95

2-93、圖2-94）

③兩臂外旋，兩掌輕貼兩腿外側，輕提左腳向右腳併攏直立，眼向前平視，收功。（圖2-95）

第二節　行步導引樁功

一、行步樁

起　勢

①兩腳併攏，身體自然直立，頭頸正直，下頜微收，胸腹放鬆，肩臂鬆垂，兩手輕貼在大腿外側；精神集中，

圖2-96　　　　　　　　圖2-97

排除雜念；呼吸自然，眼向前平視。（圖2-96）

②左腳腳跟、腳尖依次緩緩提起，向左開步，兩腳距離與肩同寬，腳尖向前，重心落在兩腿之間。（圖2-97）

1. 雙龍入海

①兩腿屈膝半蹲；同時，兩臂外旋，兩掌緩緩捧氣上抬至胸前，掌心向裏，高與臉部平，目視前方。（圖2- 98）

②左腳向左前方上步，左腿屈膝前弓成左弓步；同時，兩手屈指，兩臂屈肘內收；兩腕內收內旋，指尖朝下，兩掌食指背沿胸前任脈輕擦下降至氣海穴，下擦的同時身體微右轉，目視前方。（圖2-99）

③右腳提起向左腳內側跟半步，兩腿屈膝半蹲；同時，兩臂外旋，兩掌捧氣緩緩上抬至胸前，兩掌心向裏，指

圖2-98

圖2-99

圖2-100

圖2-101

尖向上，目視前方，意想氣血循注勞宮穴。（圖2-100）

　　④重心移至右腿，左腳跟輕輕提起，腳尖點地，兩掌內旋使兩掌心相對，目視前方。（圖2-101）

圖2-102

圖2-103

⑤左腳向左前方上一步，腳跟、腳掌依次落地，左腿屈膝前弓成左弓步；同時，兩掌內旋向外推掌，掌心向前，指尖向上，目平視前方，意想氣血循注中衝穴。（圖2-102）

⑥接上動。左弓步不變，腰微右轉，兩掌下按落於體側；隨後，右腳輕提向右前方上步，腳跟落地，腳尖上翹；同時，兩臂外旋屈肘，兩掌捧氣緩緩上抬至胸前，掌心向裏，指尖向上。（圖2-103）

⑦上動不停。身體微左轉，右腿重心前移屈膝前弓成右弓步；同時，兩手屈指，兩臂屈肘內收，兩腕內收內旋，指尖朝下，兩掌食指背沿胸前任脈輕擦下降至氣海穴，下擦的同時身體微左轉，目視前方。（圖2-104）

⑧左腳提起向右腳內側跟半步，兩腿屈膝半蹲；同

圖2-104

圖2-105

時，兩臂外旋，兩掌捧氣緩緩上抬至胸前，兩掌心向裏，指尖向上，目視前方，意想氣血循注勞宮穴。（圖2-105）

⑨重心移至左腿，右腳跟輕輕提起，腳尖點地，兩掌內旋使兩掌心相對，目視前方。（圖2-106）

⑩右腳向右前方上一步，腳跟、腳掌依次落地，右腿屈膝前弓成右弓步；同時，兩掌內旋向外推掌，掌

圖2-106

圖2-107　　　　　　　　圖2-108

心向前，指尖向上，目平視前方，意想氣血循注中衝穴。
（圖2-107）

⑪此動作左、右各重複做3次。

2. 合手出陽關

①接上式。左腳輕提，向前上步，兩腳平行，膝微
屈，與肩同寬；同時，兩掌下按，兩臂經體側外旋，屈肘
兩掌捧於胸前，掌心向裏。（圖2-108）

②重心移至左腳，右腳輕提，微離地面；同時，兩掌
內收，掌心向下，下按經體側繞至骶椎，掌心向外，用食指
背上提沿督脈輕擦腰俞穴、陽關穴、命門穴。（圖2-109）

③接上動不停。右腳向右後方退一步，腳掌、腳跟依
次落地踏實成左弓步；同時，兩掌從體側經兩肋前伸，掌

圖2-109

圖2-110

心向外推出，雙掌與胸同高，意想氣血循注中衝穴，目平視前方。（圖2-110）

④重心移至右腳，左腳輕提後撤，微離地面；同時，兩掌下按，經體側繞至骶椎，掌心向外，用食指背上提沿督脈輕擦腰俞穴、陽關穴、命門穴。（圖2-111）

⑤接上動不停。左腳向左後方退一步，腳掌、腳跟依次落地踏實成右弓步；同

圖2-111

圖2-112

圖2-113

時，兩掌從體側經兩肋前伸推出，掌心向外，雙掌與胸同高，意想氣血循注中衝穴，目平視前方。（圖2-112）

⑥此動作左、右各重複做3次。

3. 雲摩擠靠

①接上動。重心後移至左腿，右腳輕提向右後方撤一步成兩腳平行，兩腳之間距離與肩同寬，腳尖向前，兩膝微屈；同時，兩掌向兩側下按，兩手外旋，屈前臂兩手捧於胸前，掌心向裏。（圖2-113）

②左臂內旋，掌心向下，右臂微前伸，掌心向上，左臂向右、向前、經右臂內側弧形穿抹，重心移至右腿，左腳輕提；左腳經右腳踝內側向左前方上一步，腳跟著地；同時，左臂外旋，掌心朝上，右手內旋，掌心向下，拇指

圖2-114

圖2-115

輕按左肘內側骨縫處穴位。
（圖2-114、圖2-115）

　　③接上動不停。重心前
左移，左腿屈膝前弓，右腳
後蹬成左弓步；隨著重心前
移，微收腰、斂臀，沉氣於
小腹，兩手臂向左前方擠
靠。左掌高與頭齊，目視右
前方。（圖2-116）

圖2-116

圖2-117

圖2-118

④重心後移，右掌經左臂內側穿抹，掌心向下，左掌落在右肘內側。（圖2-117）

⑤上動不停。右腳經左腳踝內側向右前方上一步，腳跟著地，右臂外旋，掌心向上，左手內旋，掌心向下，拇指輕按右肘內側骨縫處穴位。（圖2-118）

⑥上動不停。重心前移，右腿屈膝前弓，左腳後蹬成右弓步；隨著重心前移，微收腰、斂臀，沉氣於小腹，兩臂向右前方擠靠。右掌高與頭齊，目視左前方。（圖2-119）

⑦此動作左、右各重複做3次。

4. 纏拿解帶

①接上動。右掌內旋下按至右胯旁；同時，左掌經胸

圖2-119

圖2-120

前向左下方按至左胯旁，接
著兩掌同時外旋，屈前臂兩
掌捧於胸前，掌心朝裏；同
時，左腳上前一步，兩膝微
屈，兩腳與肩同寬，腳尖向
前。（圖2-120）

　　②重心移至右腿，左腳
輕提向左斜方撤一步；同
時，兩掌內旋，掌心向下，
右掌下落至腹前，左掌立腕
向前推出，掌心向外，目視
前方。（圖2-121）

圖2-121

圖2-122　　　　　　　　　圖2-123

③接上動不停。重心向左移至左腿，身體左轉約135°；同時，左掌變拳，拳心向下，按在章門穴和帶脈區間，右掌隨身體左轉，先外旋掌心向上，再內旋變拳，拳心向下。（圖2-122）

④重心微右移，右腳貫力於湧泉穴；同時，右拳按在章門穴和帶脈區間，左肘尖向上、向前、向下畫弧做順時針纏繞。（圖2-123）

⑤接上動不停。身體右轉，重心左移，左腳貫力於湧泉穴，右肘尖向後、向上、向前下方做逆時針纏壓，隨後左肘、右肘各重複纏壓1次，隨著第4次右肘纏壓，身體微前俯，目視右前下方，稍停頓。（圖2-124、圖2-125）

⑥重心移至右腿，左腳以腳跟為軸，腳掌內扣，隨後，重心移至左腿，右腳輕提向右斜後方撤一步，身體右轉約135°；同時，右拳由腰間經胸前內旋向體右側畫弧，

圖2-124　　　　　　　圖2-125

圖2-126

拳心向下按在身體右側章門穴和帶脈區間，左拳經身體左側由下向上、向前畫弧置於左前方，拳心向下，目視左前方。（圖2-126）

圖2-127

⑦接上動不停。重心微左移，左腳貫力湧泉穴，左拳心向下按在身體左側章門穴和帶脈區間，右肘尖向上、向前、向下畫弧做逆時針纏繞。（圖2-127）

⑧接上動不停。身體左轉，重心右移，右腳貫力湧泉穴，左肘尖向後、向上、向前下方畫弧做順時針纏壓，隨後右肘、左肘各重複纏壓1次，隨著第4次左肘纏壓，身體微前俯，目視左前下方，稍停頓。（圖2-128、圖2-129）

⑨此動作左、右各重複做3次。

5. 摘星換日

①接上式。重心前移，以右腳跟為軸，右腳內扣，左腳輕提向左後方撤一步，兩腳與肩同寬，腳尖向前，兩膝微屈；同時，兩臂前伸，兩掌外旋前捧至胸前，掌心向裏。（圖2-130）

圖2-128

圖2-129

圖2-130

圖2-131

②左掌心向上略前伸向右畫弧，右掌內旋，掌心向下
經左臂上前伸，左掌在右臂內側輕輕摩運；同時，身體微
左轉，雙手微下挼，重心移至左腿。（圖2-131）

圖2-132

圖2-133

③右腳輕提向前上半步，腳跟著地，腳尖上翹；同時，右掌外旋變拳經胸前向上沖出，高與胸齊，拳心向裏，左掌內旋，掌心向下，左掌中指中衝穴點按右手腕橫紋上五寸處（屬於厥陰心包絡經）。（圖2-132）

④接上動。右腳以腳跟為軸微外展，右腳踏實力貫湧泉穴，重心移至右腿，左腳向左前方上一步，腳跟、腳尖依次落地，重心前移成左弓步；同時，右拳不變，臂內旋，再由拳變掌微下落，經胸前向前推出，掌心向外，左掌外旋向上、向左，後內旋轉掌，掌心向外架於左額前上方，目視前方。（圖2-133）

圖2-134

圖2-135

⑤接上動。重心後移至右腿，右掌外旋，掌心向上，兩掌下捋，目視右前方。（圖2-134）

⑥身體微向右轉，左腳輕提向前上半步，腳跟著地，腳尖上翹；同時，左掌外旋變拳經胸前向上沖出，高與胸齊，拳心向裏，右掌內旋掌心向下，右掌中指中衝穴點按左手腕橫紋上五寸處（屬於心包經）。（圖2-135）

⑦接上動不停。左腳以腳跟為軸微外展45°，左腳踏實，力貫湧泉穴，重心移至左腿，右腳向右前方上一步，腳跟、腳尖依次落地，重心前移成右弓步；同時，左拳不變，臂內旋，再由拳變掌微下落，經胸前向前推出，掌心

圖2-136　　　　　　　　圖2-137

向外；右掌外旋向上、向右、後內旋轉掌，掌心向外架於
右額前上方，目視前方。（圖2-136）

⑧此動作左、右各重複做3次。

6. 三陰拍腳

①接上式。左腳輕提上前一步，兩腳與肩同寬，腳尖
向前，兩膝微屈；同時，兩掌先下按向體側畫弧，然後兩
掌外旋屈肘捧於胸前，掌心向裏。（圖2-137）

②接上動。重心落於左腿，右腳向右後方撤一步，重
心移至右腿，左腳向右腳後插步，兩腿交叉，兩腿屈膝下蹲
成左歇步；同時，右臂前伸，掌心向上，左掌內旋，掌心向
下、向右前臂內側平圓穿抹，然後兩臂成立圓畫弧，左掌向
前、向下畫弧，收於胸前，右掌下落，向右前方伸臂，再向

圖2-138

圖2-139

上、向左畫弧，右手腕搭於
左手腕上，兩掌變拳，右拳
心向下，左拳心向上。（圖
2-138、圖2-139）

　　③接上動。兩手腕內側
相貼（三陰相合），兩手腕
同時向上、向右擰轉，成右
拳心向上，左拳心向下。
（圖2-140）

圖2-140

圖2-141　　　　　　　　　圖2-142

④接上動。兩腿伸膝直身，重心落在右腿，左腿提起向上踢擺；同時，兩拳變掌，右掌內旋，兩掌經前額，右掌向右、向外撐掌，掌心朝外，略比右肩高，左掌掌心向下，向左前上方迎拍左腳面，目視左腳。（圖2-141）

⑤接上動。左腿下落向左斜後方撤一步，身體左轉，兩腿屈膝半蹲；同時左掌外旋，掌心向上回收於胸前，左掌下落，掌心向下、向左前臂內側平圓穿抹。（圖2-142）

⑥接上動。重心落於左腿、右腳向左腳後方插步，兩腿交叉並屈膝下蹲成右歇步；同時，兩臂成立圓畫弧，左掌下落，向左前方伸臂，再向上、向右畫弧，右掌向前、向下畫弧收於胸前。左手腕搭於右手腕上，兩掌變拳，左拳心向下，右拳心向上，目視右前方。（圖2-143）

⑦接上動。兩手腕內側相貼（三陰相合），兩手腕同

圖2-143

圖2-144

時向左擰轉，成左拳心朝上，右拳心向下。（圖2-144）

　　⑧接上動。兩腿伸膝直身，重心落在左腿，右腿提起向上踢擺；同時，兩拳變掌，左掌內旋，兩掌經前額，左掌向左、向外撐掌，掌心向外，略比左肩高，右掌掌心向下、向右前上方迎拍右腳面，目視右腳。（圖2-145）

圖2-145

　　⑨此動作左、右各重複做3次。

圖2-146

圖2-147

收　勢

①接上式。右腿屈膝，右腳下落，兩腳平行與肩同寬，兩腿微屈下蹲；同時，兩掌下落至體兩側，然後兩掌外旋屈臂向胸前上捧，掌心向裏。（圖2-146）

②接著兩掌內旋，掌心相對，兩掌間距約20公分，指尖向上，神存勞宮穴。兩膝微伸，兩足蹬地，力貫湧泉穴；同時，兩臂內旋，兩掌心向下，緩慢按於臍下氣海穴處，大拇指輕貼腹前，中指尖（中衝穴）相對。呼吸自然，眼向前平視，稍停頓，隨後，兩掌微外旋輕貼大腿外側，重心移至右腿，左腳輕提向右腳內側靠攏，收功。（圖2-147）

圖2-148

二、轉步椿

轉步椿在練習時始終沿著圓形圈走轉變換。基本步法是擺步、扣步。擺步即腳尖外擺行進，扣步即腳尖內扣行進。轉步椿功主要有4組動作，每組動作都是先向逆時針方向走8步，即走一圈，然後變換成順時針方向走8步即走一圈。運動的總趨勢是圍繞著一個圓圈行進。

起　勢

①兩腳併攏，身體自然直立；頭頸正直，下頜微收，胸腹放鬆，肩臂鬆垂，兩手輕貼在大腿外側；精神集中，排除雜念，呼吸自然，眼向前平視。（圖2-148）

②左腳腳跟、腳尖依次緩緩提起向左開步，兩腳距離

圖2-149

圖2-150

與肩同寬，腳尖向前，重心落在兩腿之間，兩手內收以小指引領，掌心向下微按。（圖2-149）

③兩手腕同時向外旋，屈前臂捧手於胸前，掌心向裏；兩手內旋，掌心相對，指尖向上，間距約20公分，神存勞宮穴（同站樁功圖2-4相同）；兩臂內旋，兩掌緩慢按於臍下氣海穴處。大拇指尖輕貼腹前，中指尖（中衝穴）相對。（圖2-150）

1. 捧氣歸海

①兩腿屈膝，以右腳跟為軸，身體隨右腳掌向右轉60°，重心移至右腿，左腳跟步於右踝內側，腳掌著地，兩腳相距約10公分；同時，兩臂稍前伸，兩掌外旋，屈前臂捧手於胸前，掌心向裏。（圖2-151）

圖2-151

圖2-152

②左腳腳尖外擺沿圓形路線逆時針方向行進一步，同時，兩掌內旋，指尖向上，掌心相對，兩手相距約20公分。（圖2-152）

③緊接上動。兩臂內旋，兩掌下按至腹前氣海穴；同時，右腳腳尖內扣行進一步；上身姿勢不變，左步擺步，右步扣步，沿圓形路線走8步正好一圈。（圖2-153～圖2-159）

圖2-153

圖2-154

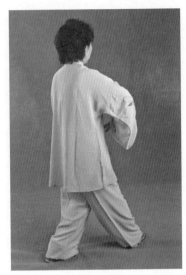

圖2-155

圖2-156

圖2-157

圖2-158

圖2-159

④接上動。兩手臂外展，兩手心向下微按，兩手腕同時向外旋，舒指上捧，以中指引領，屈臂於胸前，掌心向裏；在旋腕轉掌上捧的同時，重心移至右腿，左腳跟步右踝內側，腳掌著地，相距約10公分。（圖2-160）

圖2-160

圖2-161　　　　　　　　圖2-162

⑤接上動。兩手屈腕，隨之手臂內旋，兩手經體側伸向背後腎俞穴（第二腰椎命門穴旁開一寸半處），用食指掌骨關節頭輕頂腎俞穴，順脊柱督脈向命門穴、陽關穴、腰俞穴下推（此式在臟腑按摩椿中叫氣運陽關）；在兩手下推脊柱的同時，左腳向左後方撤步，左腳掌、腳跟依次著地，身體微前俯，隨著左腳著地踏實身體重心移至左腿，身體左轉120°左右，右腳裏扣隨即重心移至右腿，左腳外擺，然後重心移回左腿；接著兩手由背後經體側外旋，屈前臂兩掌捧於胸前，掌心向裏。隨著旋臂捧手，右腳跟步左踝內側，相距約10公分。（圖2-161、圖2-162）

⑥兩掌內旋，指尖向上，掌心相對，兩掌相距約20公分，在內旋轉掌的同時，右腳腳尖外擺沿圓形路線順時針方向行進一步。（圖2-163）

圖2-163

圖2-164

⑦緊接上動。兩臂內旋，兩掌下按至腹前氣海穴；同時，左腳腳尖內扣行進一步。（圖2-164）

⑧上身姿勢不變。右步擺步，左步扣步，繼續走6步，總共沿圓形路線走8步。緊接著重複「旋腕捧手」，「氣運陽關」回到右側捧手。（圖2-165～圖2-173）

圖2-165

圖2-166

圖2-167

圖2-168

圖2-169

圖2-170

圖2-171

圖2-172

圖2-173

圖2-174   圖2-175

【要點】起步時，胸要寬舒，氣宜下沉，身體微下坐屈膝；擺步、扣步時勁運腳趾，力貫湧泉，腳面繃平前蹚，不可抬腳過高，要平起平落；身體始終向圓心方向轉45°，目平視圓心方向，整個動作宜自然呼吸。

2. 游龍吸氣

①接上式「捧氣歸海」右側捧手，兩掌向內旋轉掌心相對（此式與導引樁中「青龍抬頭」手法相同），兩掌相距20公分，指尖向上，隨著內旋轉掌，左腳腳尖外擺沿圓形路線逆時針方向行進一步。（圖2-174）

②接著上動。兩掌繼續內旋，前臂前伸，兩掌向外推出（此式與導引樁「龍身吸氣」手法相同），指尖向上，旋掌外推的同時右腳腳尖內扣沿圓行進一步。（圖2- 175）

圖2-176

圖2-177

③接上動。兩掌成俯掌，掌心朝下（此式與導引樁「青龍探爪」手法相同），兩掌俯掌的同時左腳腳尖外擺沿圓行進一步。（圖2-176）

④接上動。兩臂外旋，兩掌成仰掌平托之勢，舒指，虎口撐圓（此勢與導引樁「玉樓採氣」手法相同），在兩臂外旋的同時右腳腳尖內扣沿圓行進一步。（圖2-177）

圖2-178

圖2-179

⑤接上動。上身姿勢不
變，左腳擺步，右腳扣步繼
續走4步，總共沿圓形路線
走8步。緊接著回到右側捧
手。（圖2-178～圖2-182）

⑥接上動。左腳向左後
方撤步，同時，兩手屈內旋
向身體背後擦伸重複「氣運
陽關」過渡到左捧手動作。
（圖2-183、圖2-184）

圖2-180

圖2-181

圖2-182

圖2-183

圖2-184

圖2-185

圖2-186

⑦接上動。左捧手，重複轉步椿的「游龍吸氣」動作，唯方向相反。回到右捧手。（圖2-185～圖2-195）

【要點】上身手法要與下身擺、扣步協調一致，前四步一步一變。在整個沿圓轉步過程中，胸要寬舒，氣宜下沉，舒指，神存勞宮穴，力貫湧泉穴。做過渡動作氣運陽關時節奏稍慢些，能充分刺激督脈命門、陽關等穴位，督率陽氣，通經、

圖2-187

圖2-188

圖2-189

圖2-190

圖2-191

理氣、活血。整個動作宜自然呼吸。

圖2-192

圖2-193

圖2-194

圖2-195

圖2-196

圖2-197

3. 中衝遙運

①接「游龍吸氣」的捧手（重心在右腿，左腳跟步）運作。兩肘外撐，兩手內收，掌心向裏，中指尖相互對接，兩手內收的同時左腳腳尖外擺沿圓形路線逆時針方向行進一步。（圖2-196）

②接上動不停。右腳腳尖內扣再行進一步。（圖2-197）

③接上動不停。兩手內旋，掌心向外翻撐，前臂前伸，兩手虎口圓撐相對，兩掌高與胸齊，目視兩手之間，在掌內旋翻掌的同時左腳擺步行進一步。（圖2-198）

④上身動作不變。右腳扣步，左腳擺步，沿圓圈共走7步（最後一步左腳在前）。（圖2-199～圖2-202）

圖2-198

圖2-199

圖2-200

圖2-201

圖2-202

圖2-203

⑤接上動。兩掌同時向外、向下、向裏畫立圓，兩掌變拳交叉在腹前，拳心朝上，右拳在下，左拳在上，在兩掌畫弧的同時重心移至左腿，左膝微屈，身體左轉60°，右腳上一步落在左腳踝內側，兩膝微屈，右腳掌點地，兩腳相距約20公分。（圖2-203、圖2-204）

⑥接上動。重心全落在左腿，微向下沉氣，右腿提起由屈到伸，勾腳尖，以腳

圖2-204

圖2-205

掌為力點，向右上方踹出，腳的高度在胯以上，在蹬右腿
的同時，兩臂分別向左、右上方展臂撩拳，拳心斜向下，
拳與肩平，眼看右拳。（圖2-205）

　　⑦接上動。重心仍保持在左腿，右腿屈膝，右腳下
落，插步在左腿後側，腳掌撐地成插步狀，在右腳下插的
同時，右臂微向上、向外畫弧，接著兩臂內收，兩拳在胸
前交叉，互搭在腕橫紋線上2寸內關穴上，左拳在上，拳
心向下，右拳在下，拳心向上，目視右拳。（圖2-206）

　　⑧兩前臂相互貼緊，手腕內側相互擰旋，由右向左摩
運一圈；同時，右腳用力蹬地，力貫湧泉穴，身體向右、
向上、向左翻轉，左腳以腳跟為軸，腳掌內扣幫助身體旋
轉一周，隨著右腳擰轉，右腳尖外擺，重心落在右腿成左
插步，兩臂仍互搭在內關穴處，右拳在上，拳心向下，左

圖2-206

圖2-207

圖2-208

圖2-209

拳在下，拳心向上。（圖2-207～圖2-209）

圖2-210　　　　　　　　圖2-211

⑨接上動不停。左腳由後抽步落在右腳踝內側，腳尖點地，兩腳相距約20公分，在左腳上步的同時，兩拳變掌，左臂內旋，兩掌向上、向兩側、向下畫立圓後變拳交叉在腹前，左拳在下，右拳在上，拳心均向上。（圖2-210）

⑩接上動。重心全落在右腿，微向下沉氣，左腿提起由屈到伸，勾腳尖，以腳掌為力點，向左上方蹁出，腳的高度在胯以上，在蹬左腿的同時，兩臂分別向左、右上方展臂撩拳，拳心斜向下，拳與肩平，眼看左拳。（圖2-211）

⑪上動不停，右腿微屈蹲，左腿屈膝向左前方上一步；同時，兩拳變掌內旋下按，經體側屈臂，手外旋捧於胸前，掌心向裏，手外旋上捧的同時，右腳跟步左腳踝內側，腳掌著地，兩腳相距約10公分。（圖2-212）

⑫接上動。重複中衝遙運①至⑪的動作，唯手法、步法、腿法方向相反，沿圓而走運動路線為順時針方向。第

圖2-212

圖2-213

圖2-214

圖2-215

⑪動作完成後重心落在右腿，左腳跟步，兩手前捧於胸前。（圖2-213～圖2-229）

圖2-216

圖2-217

圖2-218

圖2-219

圖2-220   圖2-221

圖2-222

圖2-223

圖2-224

圖2-225

圖2-226

圖2-227　　　　　　圖2-228

圖2-229

圖2-230

圖2-231

【要點】左、右側蹋腿與兩臂分展撩拳要協調，兩手腕互搭與插步屈蹲協調相合，手腕相互撐轉摩運與身體翻轉相合一致。整個動作宜自然呼吸。

4. 游龍飛天

①接「中衝遙運」的右側捧手。左掌經右掌心向上內旋後向外翻撐，落在身體左前方，掌根與肩同高，掌心向外，同時右掌內旋，按掌落在腹前氣海穴上一寸半處；在兩掌內旋的同時，左腳腳尖外擺，沿圓形路線順逆時針方向行一步。（圖2-230）

②上身姿勢不變。左擺步、右扣步共走7步。最後一步左腳落在前面，在行進中身體向圓心方向轉45°，目視圓心方向。（圖2-231～圖2-236）

圖2-232

圖2-233

圖2-234

圖2-235

圖2-236

圖2-237

③上動不停。重心移至左腿，左膝微屈蹲，身體左轉約180°，身體背對圓心方向，同時，兩臂向身體兩側展擺，掌心向下，眼看左掌。（圖2-237）

④上動不停。右掌向左畫弧，左掌外旋經右臂內側上穿，撐架於左前上方，掌心向上，右掌經腹前反撩變勾手並向右後方上擺，勾尖向上。在右掌反撩變勾的同時，重心落在右腿，左腳微上提，腳尖原地外擺後落下，重心落在左腿；以左腳跟為軸，右膝伸，右腳腳尖內扣，右腳由右經胸前向左轉做裏合踢腳，身體隨之左旋轉約270°，身體左側側對圓心方向，右腳落在左腳前，兩掌姿勢不變。（圖2-238～圖2-241）

圖2-238

圖2-239

圖2-240

圖2-241

圖2-242　　　　　　　　圖2-243

⑤接上動不停。重心移至右腿，身體繼續左轉，以右腳跟為軸，右腳掌內扣，右腳尖正對圓心，左腳腳面繃平，自右前方踢起經胸前向左做扇面形踢擺；同時，右掌迅速擊拍左腳面，左掌仍保持撐掌姿勢。（圖2-242）

⑥左腿由直變屈向左前方落步，右腳跟步落在左腳踝內側，兩腳相距10公分。隨著左腳下落，兩臂經體側屈臂，掌外旋捧於胸前。（圖2-243、圖2-244）

⑦右掌向裏經左掌心向上內旋後向外翻撐，掌心向外；同時，左掌內旋按掌落在腹前；在兩掌內旋的同時，右腳腳尖外擺，沿圓形路線順時針方向行進一步。（圖2-245）

⑧上身姿勢不變。左扣步、右擺步共走7步，最後一步右腳落在前面。在行進中身體向圓心方向轉45°，目視圓心方向。隨後，整個動作與游龍飛天③④⑤相同，唯手法、步法、腿法方向相反，行進路線為順時針方向。第⑥

圖2-244

圖2-245

圖2-246

圖2-247

動作完成後重心落在右腿，左腳跟步，兩手前捧於胸前。
（圖2-246～圖2-259）

圖2-248

圖2-249

圖2-250

圖2-251

圖2-252

圖2-253

圖2-254

圖2-255

圖2-256

圖2-257

圖2-258

圖2-259

圖2-260　　　　　　　　圖2-261

【要點】游龍飛天是在走轉中完成裏合和外擺連環腿法，在走完7步後，身體要稍下降含胸，在做裏合腿前，先完成左手上撐和左腳提腳外擺，做裏合腿時，身體微向左斜傾，有利於裏合腿上擺。整個游龍飛天動作要完成得乾淨俐落、迅速，手法、步法協調一致。整個動作宜自然呼吸。

收　勢

①接游龍飛天的右捧手勢。兩手內旋，掌心相對，指尖向上，身體左轉，左腳掌踏實，右腳掌內扣，兩腳與肩同寬，腳尖朝前，兩腿微屈蹲；兩前臂內旋，兩掌下按至腹前氣海穴，拇指輕貼小腹，中指尖相對。隨著兩掌下按，兩膝漸漸伸直，目平視。（圖2-260、圖2-261）

圖2-262

②接上勢。兩手向體側大腿靠攏，手指尖輕貼大腿，手指向下，左腳向右腳靠攏成立正，目視正前方。（圖2-262）

第三章
盤根太極拳套路

第一節　盤根太極拳動作名稱

第 一 段

1. 預備勢
2. 起　勢
3. 捧　手
4. 龍身吸氣
5. 中衝養氣
6. 龍身吸氣
7. 雙龍入海
8. 氣運陽關
9. 跟步龍身吸氣

第 二 段

10. 青龍探爪
11. 鳳凰展翅
12. 跟步龍身吸氣
13. 青龍探爪
14. 鳳凰展翅
15. 攬雀尾
16. 雲摩擠靠
17. 騎龍入海
18. 騎龍登天
19. 中衝對接
20. 三陽潤勞宮

第 三 段

21. 扣　手　　　　　　22. 纏拿解帶
23. 雲　腕　　　　　　24. 滾手樁捶
25. 虎　撲　　　　　　26. 滾手樁捶

第 四 段

27. 伏　虎　　　　　　28. 雙龍入海
29. 摘星換日　　　　　30. 三陰拍腳
31. 游龍飛天　　　　　32. 捧　手
33. 氣運陽關　　　　　34. 游龍吸氣
35. 捧氣歸海　　　　　36. 收　勢

第二節　盤根太極拳動作圖解

第 一 段

1. 預備勢

身體自然直立。頭頸正直，下頜微收，胸腹放鬆，肩臂鬆垂，兩掌輕貼在大腿外側，眼向前平視。（圖3–1）

【要點】精神集中，排除雜念，呼吸自然，意想頭頂藍天，腳踩大地，自己和大自然融為一體。

2. 起　勢

左腳腳跟、腳尖依次緩緩提起，向左開步，兩腳距離

圖3-1

圖3-2

與肩同寬，腳尖向前，重心落在兩腿之間。（圖3-2）

【要點】提左腳時，右腿微屈，左腳由大腳趾至湧泉穴用力碾地，全腳落下，力貫兩腳湧泉穴。

3. 捧　手

①兩掌內收，以小指領引，掌心向下，沉氣微按。（圖3-3）

②兩手腕外旋；同時，兩腿屈膝鬆胯，緩慢半蹲；

圖3-3

圖3-4　　　　　　　　　　圖3-5

兩掌以小指領引掌心翻上，屈前臂捧手於胸前，掌心向裏。（圖3-4）

【要點】氣息力求自然，舌頂上齶，腳趾抓地，兩手舒指，虎口圓撐，掌心微凹，神存勞宮穴，氣存氣海穴。

4. 龍身吸氣

①兩腿仍保持屈膝半蹲態勢，重心移至右腿，接著輕提左腳，左腳落在右腳踝內側；同時，兩臂內旋，兩掌心相對，指尖向上。（圖3-5）

②上動不停。左腳向左前方上一步，腳跟先著地；同時，兩掌內旋向外翻掌；重心移向左腿，右腳隨之跟半步落在左腳裏側，兩腳橫向距離約30公分；同時，伸前臂，兩掌由胸前推出。（圖3-6、圖3-7）

圖3-6

圖3-7

【要點】兩掌內旋翻掌外推與右腳跟半步落下相合，以小指領引，做深吸氣。

5. 中衝養氣

①以右腳掌為軸，右腳跟內旋；同時，身體左轉，重心移向右腿，左腳掌點地，兩掌成俯掌下按，掌心向下，徐徐呼氣。（圖3-8）

圖3-8

圖3-9　　　　　　　　　　圖3-10

②左腳輕提向左前方上一步成左弓步；同時，兩臂稍外展，隨後兩掌外旋經腹前指尖前伸屈肘緩緩捧氣於胸前。（圖3-9）

③上動不停。左弓步不變，兩肘外撐，兩掌內收，兩臂環抱撐圓，中指尖相互對接。（圖3-10）

【要點】整個轉掌動作以大拇指領引，兩掌捧於胸前時吸氣，意想氣血循注勞宮穴；中指尖相互對接時慢慢呼氣。

6. 龍身吸氣

右腳向右前方上一步，腳跟、腳掌依次著地成右弓步；同時，兩掌內旋，掌心向外；隨著重心前移，前臂慢慢前伸，兩掌前推，虎口圓撐相對，兩掌高與耳齊。（圖3-11）

圖3-11

圖3-12

【要點】兩掌翻撐前推時做深吸氣，舌頂上齶，意想將氣送入氣海穴。

7. 雙龍入海

①兩掌經身體兩側畫弧下按；同時，輕提左腳經右腳內側向左前上一步，隨後左腳跟著地，兩掌內收，手臂外旋；隨後重心前移左腿，右腳上半步落在左腳內側旁；同時，屈前臂，兩手捧於胸前。（圖3-12、圖3-13）

圖3-13

圖3-14　　　　　　　　　圖3-15

②上動不停。重心移至右腿，左腳輕提向左前方上一步，腳跟、腳掌依次落地成左弓步；同時，隨著重心前移，兩手屈指，腕內收內旋，食指背沿胸前任脈輕擦下降至氣海穴，指尖向下。隨著兩手下擦，身體微向右轉30°。（圖3-14）

【要點】食指沿胸前任脈輕擦下降要與重心左移成左弓步相合，隨著下擦，意想將氣送入氣海穴，氣息力求自然。

8. 氣運陽關

①右腳輕提向右前方上一步，腳跟先著地；同時，兩掌外旋，兩手捧於胸前。（圖3-15）

②腳跟、腳掌依次落地成右弓步；同時，兩臂屈肘，

圖3-16   圖3-17

臂內旋，兩掌經身體兩側伸向背後腎俞穴（第二腰椎正對肚臍，命門穴旁開一寸半處），用食指掌骨關節頭輕頂腎俞穴，食指順脊柱督脈慢慢向命門穴、陽關穴、腰俞穴輕輕下推，身體微向前傾，目視前下方。（圖3-16）

③左腳輕提經右腳內側向左前方上一步，腳跟先著地；同時，兩手由後下方經身體兩側外旋，屈臂兩手捧於胸前。（圖3-17）

④腳跟、腳掌依次落地，重心前移成左弓步；同時，兩臂屈肘，臂內旋，兩手經身體兩側伸向背後腎俞穴，用食指掌骨關節頭輕頂腎俞穴，用食指順脊柱督脈慢慢向命門穴、陽關穴、腰俞穴輕輕下推，身體微向前傾，目視前下方。（圖3-18）

【要點】兩手伸向背後順督脈下推時，要微含胸、舒

圖3-18　　　　　　　　　　圖3-19

背、鬆胯，手前捧時吸氣，向後下推時呼氣，呼吸力求自
然。

9. 跟步龍身吸氣

①兩臂外旋經身體兩側慢慢上捧於胸前，掌心向裏，
指尖向上；同時，右腳輕提跟步，落在左腳踝內側。（圖
3-19）

②兩臂內旋，兩掌心相對，指尖向上；同時，重心移
向右腿，左腳跟提起，腳掌點地。（圖3-20）

③上動不停。兩臂內旋，左腳輕提向前一步，腳跟落
地；兩臂向前推掌；同時，左腳掌落下，重心前移至左
腿，右腳輕提跟步，落在左腳後，腳前掌著地。（圖
3-21）

圖3-20

圖3-21

【要點】兩手內旋時，舒指，以小指領引，神存勞宮穴。兩掌前推時，與右腳跟步相合，做深吸氣。

第 二 段

10. 青龍探爪

右腳向後方退半步，右腳落地時外擺45°；重心移向右腿，左腳跟提起，腳尖點地成左虛步；同時，兩掌變俯掌，掌心向下。（圖3-22）

圖3-22

圖3-23　　　　　　　　圖3-24

【要點】兩掌做俯掌時，意想氣血循注勞宮穴。徐徐吸氣。

11. 鳳凰展翅

兩臂外旋，右掌向右上方外展平托，左掌向左下方外展平托，兩掌心向上；同時，左腿向前上方屈膝提起，腳尖微內扣，身體向右轉約45°，目平視左前方。（圖3-23）

【要點】兩臂外展時，右腳趾抓地，兩掌以食指領引，虎口圓撐，使氣血上注勞宮、下貫湧泉，氣存氣海穴。

12. 跟步龍身吸氣

①左腳下落至右腳後方，重心移至左腿；同時，兩臂

圖3-25

圖3-26

屈肘，兩掌內旋收於胸前，掌心相對，指尖向上。（圖3-24）

②以右腳跟為軸，右腳尖內扣，左腳跟提起，腳掌向左後方碾轉，身體向左後方轉體，緊接著左腳向左前方上一步，腳跟著地；同時，兩掌內旋，掌心朝外。（圖3-25）

③上動不停。隨著重心前移左腳掌著地，右腳向前跟步，落在左腳後，腳前掌著地；同時，兩掌由胸前緩緩推出。（圖3-26）

④接上動。重心後移，以左腳跟為軸，左腳掌內扣，右腳跟提起，腳掌向右後方碾轉，身體向右後方轉體，轉身後重心仍在左腿；同時，兩掌外旋，掌心相對，指尖向上；隨之右腳向前方上一步，腳跟著地；同時，兩掌內

圖3-27　　　　　　　　圖3-28

旋，掌心向外。（圖3-27、圖3-28）

⑤隨著重心前移，右腳掌著地；同時，兩掌由胸前緩慢推出。（圖3-29）

【要點】向左和向右轉體時，要以腰背帶動四肢；兩掌內旋時舒指，以小指領引，神存勞宮穴；兩掌前推時與步法相合。

13.青龍探爪

接上動。重心移向左腿，右腳跟提起，腳尖點地成右虛步；同時，兩掌成俯掌，掌心向下。（圖3-30）

【要點】與青龍探爪相同。

圖3-29

圖3-30

14. 鳳凰展翅

　　身體稍向右轉，兩臂向上外展，兩掌仰掌平托，掌心向上，左掌略高；同時，右腿屈膝提起，腳尖微扣；目平視右前方。（圖3-31）

　　【要點】與鳳凰展翅相同。

圖3-31

圖3-32　　　　　　　　圖3-33

15. 攬雀尾

①右腳下落至左腳踝內側，腳掌點地；同時，左臂屈肘移至胸前，掌心向下，右臂屈肘托至腹前，掌心向上，兩掌心相對，兩掌在胸腹前合抱。（圖3-32）

②接上動。右腿屈膝提起向右前方邁步，腳跟先著地，然後全腳著地，右腿屈膝前弓；左腿微伸成右弓步；同時，身體微右轉，以右前臂外側和右掌背向前掤出，高與胸平，掌心向裏；左掌下按落至左胯旁，掌心向下，目視右掌。（圖3-33）

③接上動。上體微右轉，右臂內旋微伸，掌心翻轉斜向下，掌指斜向上；同時，左掌外旋轉腕，臂前伸，掌心斜向上，置於右前臂下方；兩臂旋轉的同時重心後移，腰

圖3-34　　　　　　　　圖3-35

背帶動身體微左轉，兩掌隨轉體向左下方挒至左腹前，重心坐實在左腿上。（圖3-34）

④接上動。身體微右轉，右掌外旋，右臂屈舉於胸前，掌心向裏；左掌內旋，手心斜向前，掌指貼撐於右前臂內側；同時，重心前移，右腿屈膝，左腳跟步至右腳後，左腳掌著地；隨屈膝以右前臂外側為力點，向前徐徐擠出，兩手高與胸齊，目視前方。（圖3-35）

⑤接上動。右臂內旋，左掌沿右掌背弧形向前、向左平抹伸出，兩臂分開，與肩同寬，掌心向下；重心後移坐實左腿；同時，兩臂屈收，兩掌經胸前下按至腹前，然後右腳輕提上步，腳跟著地；隨即重心前移，右腿屈膝，左腳跟步至右腳後，左腳掌著地；同時，兩掌微沉弧線向前推出，掌心向前，掌指向上，兩臂微屈，兩肘下垂，目視

前方。（圖3-36）

圖3-36

【要點】①右前臂向前掤出時要與左手下按、屈膝、鬆腰沉髖協調一致。

②兩手下捋時，左掌微掤，右掌小指側微感外旋滾按之勁，與重心後移、屈膝、鬆腰、轉體要協調一致。

③向前擠時，上體微前傾要與鬆腰沉髖、屈膝、後腳跟步協調一致。

④左掌沿右掌背弧形平抹時要注意掤腕、掤臂、沉肘不可鬆懈；兩掌下按腹前要鬆腰、鬆髖、坐實；雙手向前按時，上體微前傾與屈膝、跟步協調一致。整個攬雀尾動作均要以腰為軸，以腰帶臂，上下相隨，全身整勁。

16. 雲摩擠靠

①重心後坐移至左腿，右腳跟輕提，腳前掌著地；同時，左掌外旋，掌心向上，右掌微向右經胸前畫弧，並向左臂內側弧形穿抹，掌心向下。（圖3-37）

②右腳輕提向右前方上一步，腳跟著地；同時，右臂外旋，掌心向上，左掌內旋，掌心向下，拇指輕按於右肘內側。（圖3-38）

③上動不停。重心前移至右腿，右腿屈膝前弓，左腳後蹬成右弓步；隨著重心前移，兩臂向右前方擠靠。右掌

圖3-37

圖3-38

圖3-39

高與頭齊，目視左前方。（圖3-39）

圖3-40

圖3-41

④重心後移至左腿，右腳以腳跟為軸，腳尖微內扣約30°；同時，右臂內收於胸前，掌心向上，左掌經右臂內側弧形穿抹，掌心向下。（圖3-40）

⑤左腳輕提經右腳踝內側向左前方上一步，腳跟著地；同時，左臂外旋，掌心向上，右臂內旋，掌心向下，拇指輕按於左肘內側。（圖3-41）

⑥上動不停。重心前移至左腿，左腿屈膝前弓，右腳蹬地成左弓步；隨著重心前移，兩臂向左前方擠靠，左掌高與頭齊，目視右前方。（圖3-42）

【要點】手臂穿抹時，微鬆腰、斂胯；手臂外旋時，注意沉氣裹肘；向前擠靠時，身體微前傾，意想用臂擠肩靠。整個動作注意穿臂雲抹、上步擠靠與兩腿弓蹬相協調一致，要做到氣沉勁整。

圖 3-42　　　　　　　　　　圖 3-43

17. 騎龍入海

①重心後移至右腿；同時，左臂內收，掌心向上，右掌經左臂內側弧形穿抹，掌心向下。（圖 3-43）

②上動不停。重心前移至左腿，右腳向左斜前方上一步，腳跟、腳掌依次落地，屈膝，左膝微屈，左腳跟提起，腳掌蹬地；同時，右臂後伸，右掌由前向下、經體側向後畫弧按掌，然後變勾手，勾尖向上，在右掌畫弧下按的同時，左掌向前穿掌，掌心向上，高與肩平。（圖 3-44）

③上動不停。左掌翻轉下按，左腳向前邁步，重心移至左腿，右腳跟提起，腳掌蹬地；同時，右勾手變掌，屈右臂經腰間立掌向胸前推出，左掌下落經體側向後畫弧變勾手，勾尖向上。（圖 3-45）

圖3-44

圖3-45

④上動不停。右腳輕提稍向前移動落在左腳後方，重心移至右腿，右腿屈膝坐實，左腳跟提起腳尖點地；同時，右掌屈收向下畫弧，並提掌至腹前，掌心向左側，掌指尖向下。（圖3-46）

⑤上動不停。左腳向前邁步，右腳跟步，腳掌著地落在左腳後方；同時，右掌上提經胸前立掌向前推出，目視前方。（圖3-47）

⑥右腳跟落下，重心移至右腿，以左腳跟為軸，左腳尖外擺，重心隨即移向左腿，身體向左後方轉180°；同時，右腳提起落在左腳後方內側，重心移向右腿，左腳掌點地；同時，右臂內收，右掌外旋，左勾手變掌，經腰側在胸前經右前臂內側弧形穿抹，掌心向下，右手落在左肘內側。（圖3-48、圖3-49）

圖3-46

圖3-47

圖3-48

圖3-49

圖3-50　　　　　　　　圖3-51

⑦上動不停。左腳向左斜方上一步，腳跟、腳掌依次落地，左腿屈膝，右膝微屈，右腳跟提起，腳掌蹬地；同時，左掌由前向下、經體側向後畫弧按掌變勾手，勾尖向上，在左掌畫弧下按的同時，右掌向前穿掌，掌心向上，高與肩平。（圖3-50）

⑧上動不停。右掌翻轉下按，右腳向前邁步，重心移至右腿，左腳跟提起，腳掌蹬地；同時，左勾手變掌，屈左臂經腰間向胸前推出，掌沿向前，指尖朝上，右掌經體側向後畫弧變勾手，勾尖向上。（圖3-51）

⑨上動不停。左腳輕提，稍向前移動，落在右腳後方，重心移至左腿，左腿屈膝坐實，右腳跟提起，腳尖點地；同時，左掌屈收向下畫弧，並提掌至腹前，掌心向右側，掌指尖向下。（圖3-52）

圖3-52　　　　　　　　　圖3-53

⑩上動不停。右腳向前邁步，左腳跟步，腳掌著地落在右腳後方；同時，左掌向上提經胸前推出，掌沿向前，指尖向上，目視前方。（圖3-53）

【要點】前穿掌必須與前腿屈膝、後腳蹬地協調一致；做勾手前要先按後勾；向前推掌提掌時要鬆腰坐胯，手走立圓弧線後再推掌。兩個騎龍入海動作定勢的方向是斜對角。

18. 騎龍登天

①左腳輕提向右腳跟後側插步，腳掌落地，右腳以腳跟為軸扣步，身體向左轉約180°，緊接著重心右移，左腳掌微向左邁步碾轉，身體繼續向左轉體約90°，在身體左轉的同時右勾手變掌，右臂外展至體前，右臂屈肘收於胸前，掌心向上，左掌微內旋收至胸前，掌心向下，經右臂

圖3-54　　　　　　　　圖3-55

內側弧形向前穿抹。（圖3-54、圖3-55）

　　②接上動。左腳前移一步，左腿屈膝，重心移至左腿，右膝微屈，右腳跟提起，腳掌蹬地；同時，左臂向下，經體側向後畫弧並按掌變勾手，勾尖向上，在左掌畫弧下按的同時，右掌向前穿掌，掌心向上，高與肩平。（圖3-56）

　　③接上動。右掌內旋翻掌向下，經體側向後畫弧按掌變勾手，左勾手變掌，臂外旋經腰間向胸前上方穿掌，掌心向上，在左掌前穿的同時，右腿提膝向前蹬出，勾腳尖，腳底向前，目視前方。（圖3-57）

　　④右腿屈膝向右後方落步，重心移至右腿，隨即以左腳跟為軸向裏扣步，身體向右轉體180°，重心移至左腿，右腳虛步點地，在向右轉體的同時，左掌微外旋收至胸前，掌心向上，右勾手變掌，右臂外旋，掌心向下經腰間

圖3-56

圖3-57

圖3-58

圖3-59

向胸前左臂內側弧形穿抹。（圖3-58、圖3-59）

圖3-60   圖3-61

⑤接上動。右腳前移一步，右腿屈膝，重心移至右腿，左膝微屈，左腳跟提起，腳掌蹬地；同時，右臂後伸向下、經體側向後畫弧按掌變勾手，勾尖向上，在右掌畫弧下按的同時，左掌向前穿掌，掌心向上，高與肩平。（圖3-60）

⑥接上動。左掌內旋翻轉向下，經體側畫弧按掌變勾手；同時，右勾手變掌，前臂外旋經腰間向胸前上方穿掌，掌心向上；在右掌前穿的同時，左腿提膝向前蹬出，勾腳尖，腳底向前，目視前方。（圖3-61）

【要點】雲摩前穿掌與扣腳轉體需協調一致；蹬腿和前穿掌需協調一致，蹬腿時支撐腿微屈膝；兩個騎龍登天動作定勢的方向是斜對角。

圖3-62

19. 中衝對接

左腿屈膝收腳向左後方落步，重心移至左腿，右腳跟提起，腳尖點地；同時，右前臂內收，掌心向裏，左臂外展經體側前收，左掌中指尖與右掌中指尖相對，掌心向裏，目視前方。（圖3-62）

【要點】重心後落坐實，鬆腰舒胸，兩臂環抱指尖相對，有向外掤撐之意。

20. 三陽潤勞宮

①右腳向前邁一步，腳跟、腳掌依次著地，左腳跟一步，重心落在左腿，右腳跟提起，腳掌著地；在右腳向前邁步的同時，兩掌內旋向外翻轉，隨即由上向兩側弧形下

圖3-63

圖3-64

按，然後兩臂外旋收於腹前，右掌背貼放在左掌心上。（圖3-63、圖3-64）

②右腳向前邁步，腳跟、腳掌依次著地，左腳跟一步，落在右腳跟內側；同時，兩掌內旋屈肘翻腕，右掌在外，左掌助力右掌背向外推，高與胸齊，目視前方。（圖3-65）

【要點】兩臂畫弧下按，兩手合抱時左腿坐實，兩掌翻腕前推時兩掌貼緊，

圖3-65

圖3-66

圖3-67

含胸墜肘，沉氣，與右腿邁步、左腳跟步協調一致，有身催、步蹬、全身整勁發於脊達於雙臂之意。

第 三 段

21. 扣　手

①左腳向左後方撤一步，重心快速移至左腿，左腿屈膝坐實；同時，兩臂屈肘回撤，左掌心緊貼右掌背，右手腕外旋，帶動左手腕外旋，兩掌向裏翻轉，落在腹前，掌心向上，上體微前傾，目視前下方。（圖3-66）

②接上動。右腳向後撤一步，重心落在右腿，右腿屈膝坐實，兩掌變拳收於兩側腰間，拳心向上，目視前方。（圖3-67）

圖3-68

圖3-69

【要點】兩掌向裏翻轉時要與重心後移撤步協調一致，兩掌貼緊向胸前回帶，兩肘內收提腕後快速翻腕下壓，同時身體隨翻腕沉壓稍前傾，此動作要有提腕纏拿之意。

22. 纏拿解帶

①左腳輕提向左斜後方撤一步踏實，重心移至左腿，身體左轉約135°；同時，左拳變掌，向前伸臂內旋下按，然後變拳，拳心向下，按在左側章門穴和帶脈區間，右拳變掌，臂微前伸上托。（圖3-68、圖3-69）

②接上動不停。前臂內旋，右掌心朝下變拳按在右側章門穴和帶脈區間，重心微右移，左肘尖向上、向前、向後畫弧做順時針纏繞。（圖3-70）

圖3-70

圖3-71

③上動不停。身體右轉約130°，重心左移，右肘尖向後、向上、向前下方做逆時針纏壓。（圖3-71）

④接上動不停。重複左、右肘尖纏壓各一次，隨著右肘纏壓，身體微前俯，目視右前下方。（圖3-72）

【要點】左肘尖畫弧纏繞，目視左肘尖；右肘畫弧纏壓時，目視右膝前；同時，兩肘左、右畫弧纏繞時，兩肋左、右旋腰抽換，

圖3-72

圖3-73

圖3-74

有蓄氣纏繞沉壓之意。

23. 雲　腕

①身體直起，重心左移，右拳變掌下擺，左拳變掌經胸前向上外展，掌心向上。（圖3-73）

②左掌自前向左、向後平旋，屈肘疊臂，肘外展，左掌變拳至右肩前；右掌不變。（圖3-74）

③左拳下按至腰間，拳心向後，同時右掌心向上平托，接著右掌自前向右、向後平旋，屈肘疊臂，肘外展，右掌變拳至右肩前；左拳仍按於腰間。（圖3-75、圖3-76）

④上動不停。右肘尖自右向上、向左、向下，沿胸前順時針方向畫弧後，右拳收至右腰側，拳心向上。隨後右

圖3-75

圖3-76

腳向左腿後側插步，腳掌著
地，同時，左拳自腰間上托
變掌，左掌外展，掌心向
上，接著左掌自前向左、向
後平旋，屈肘疊臂，肘外
展，左掌變拳按至腰間，在
左拳下按腰間的同時左腳向
左移動一步，同時，左拳變
掌上托，右掌外展，掌心向
上，接著右掌自前向右、向
後平旋屈肘疊臂肘外展，變
拳至右肩前。（圖3-77～
圖3-79）

圖3-77

圖3-78

圖3-79

⑤緊接上動不停。右肘尖自右向上、向左、向下，沿胸前做順時針方向畫弧後，右拳收至右腰側，拳心向上。隨後重心移至右腿，右腿屈膝前弓，身體向右轉約90°，左腳後蹬成右弓步；隨著身體右轉，左肘向右迅速靠擊，目視左下方。（圖3-80、圖3-81）

【要點】左掌屈肘畫平弧時，身體順勢微左轉，手腕含有纏拿之意；右掌肩前變拳、胸前沿肘畫圓時，身體微左轉，含胸吊背，以利於旋纏勁整。整個動作要連貫完成。最後左肘向右靠擊要和身體右轉、後蹬腳同時協同完成。

24. 滾手樁捶

兩臂向右側前伸，仍保持握拳狀態；然後，兩臂自右向上、向左掄擺，右拳架在頭的右上方，拳心向下，左拳撐在左前方，與肩同高，拳心向上，兩腕微內扣，在兩拳

圖3-80　　　　　　　　圖3-81

圖3-82　　　　　　　　圖3-83

弧形掄擺的同時，迅速擰腰，身體向左擰轉約160°，重心落在兩腿之間偏右成橫襠步支撐。目視左前方。（圖3-82、圖3-83）

圖3-84　　　　　　　　　圖3-85

【要點】兩拳由腰間向右、向上掄擺時，要先滾前臂後掄擺，注意擰腰和掄擺反砸動作協調一致，以腰帶臂，全身整勁發力。整個動作過程眼隨兩拳由右向左轉頭，目視左前方。

25. 虎　撲

右臂內旋，兩拳自左、向上、向右、向下、經體前向左上畫立圓掄擺；在兩臂立圓掄拳的同時左腳尖外擺，右腳向左前方上步，身體左轉180°成橫襠步，重心落在右腿，右腿屈膝半蹲，左腳撐地，腳尖向前微微內扣；同時，兩臂向下、向身體左前方砸下，左拳在前，右拳在後，兩拳心斜相對。目視左前下方。（圖3-84、圖3-85）

【要點】在兩臂立圓上掄時，注意沉氣坐胯，屈膝上

圖3-86

步，全身協調，以腰帶臂上掄下砸。

26. 滾手椿捶

左臂內旋，右臂外旋，身體向右轉，兩臂自左下經體前、向右、向上、向左轉體畫立圓掄擺，右拳架在頭的右上方，拳心向下，左拳撐在左前方，與肩同高，拳心向上，目視左前方。（圖3-86）

【要點】與滾手椿捶相同。

第 四 段

27. 伏　虎

①左拳微內旋前伸，右拳下落，身體右轉左右拳由左

圖3-87　　　　　　　圖3-88

下經體前、向體右側、向上做立圓環繞；然後，以左腳跟
為軸，腳尖外擺，身體向左轉約160°，右腳上一步，同
時，左手由拳變掌，經胸前下按在左腰側旁，掌心向下，
右手由拳變掌由上下落在胸前，掌心斜向前，指尖向上，
隨著向左轉體，重心落在左腿成橫襠步。目視右掌。（圖
3-87～圖3-90）

　　②上動不停。身體向右轉，隨著身體右轉，重心右
移，頭向右後方轉，目視右後方，同時，右臂外旋，左臂
上舉於胸前，左掌心向外，向右推按。（圖3-91）

　　③上動不停。右前臂前伸，經右向下、向上屈肘折疊手
臂，肘外展做逆時針纏繞，右掌至右肩前變拳，拳心向前；
同時，左掌向右腰側下按，由掌變拳，拳心向下；接著右肘
繼續向下纏壓，右肘尖落在左拳背上，拳心向裏。重心落在

圖3-89

圖3-90

圖3-91

圖3-92　　　　　　　　　　圖3-93

兩腿之間成馬步狀，目視左前方。（圖3-92、圖3-93）

【要點】雙拳做立圓環繞時，要以腰帶臂，眼隨手走；向左轉時身體微向下沉氣，頭向右轉時，兩手距離約30公分，不可過寬；右臂纏肘時要含胸，右拳微上頂，兩臂有上頂下壓之意。

28. 雙龍入海

①雙手微內旋由拳變掌，左掌在外，兩掌心向外，兩掌由胸前向上、向兩側畫弧下按；同時，左腳向右腳內側靠攏，重心移至左腿，右腳跟提起，腳掌著地，目視右掌。（圖3-94）

②上動不停。兩掌外旋，兩臂前屈，兩掌捧於胸前；隨即兩掌屈指，腕內收內旋，食指沿胸前下降至腹前，身體微右轉45°，左腿屈膝下蹲，右腳內側鋪地成右仆步，

圖3-94

圖3-95

圖3-96

目視右前方。（圖3-95、圖3-96）

　　【要點】兩手食指沿胸前下行時，要沿任脈輕擦摩

運，同時轉腰，含胸、鬆腰、沉氣，並且與右鋪腿動作協調一致。

29. 摘星換日

①上動不停。身體右轉，右腿前弓，左腳後蹬成右弓步；同時，右臂外旋，右掌順右腿內側前穿，指尖向前，掌心向

圖3-97

裏，左掌向左後方邊穿出邊外旋，指尖向後，掌心向裏。（圖3-97）

②隨著兩掌穿行，左腳輕提向前邁步，腳跟著地，腳尖上翹，同時，左手由左後方經腰側外旋變拳，向胸前上沖，高與胸齊，拳心向裏，右臂內收，右掌內旋下按，掌心向下，右手指輕貼於左前臂內側。（圖3-98）

③上動不停。左腳以腳跟為軸外展45°，左腳踏實，重心移至左腿，右腳向右前方上一步，腳跟、腳尖依次落地，重心前移成右弓步；同時，身體右轉，左拳內旋下按，後由拳變掌，掌心向外，經胸前向前推出，當左拳變掌時，右掌外旋向上、向右轉掌內旋，掌心向外架於右額上方，目視前方。（圖3-99）

④重心後移至左腿，身體向左轉45°，雙掌微下捋；右腳輕提向前邁步，腳跟著地，腳尖上翹；同時，右掌外旋

圖3-98

圖3-99

圖3-100

圖3-101

變拳經胸前向前上沖，高與胸齊，拳心向裏，左掌內旋，掌心向下，左手指輕貼右前臂內側。（圖3-100、圖3-101）

圖3-102

⑤上動不停。右腳以腳跟為軸外展45°，右腳踏實，重心移至右腿，左腳向左前方上一步，腳跟、腳尖依次落地，重心前移成左弓步；同時，身體左轉，右拳內旋下按後由拳變掌，掌心向外經胸前向前推出，當右拳變掌時，左掌外旋向上、向左轉掌內旋，掌心向外架於左額前上方，目視前方。（圖3-102）

【要點】雙掌下捋後，掌外旋變拳經胸前上沖後，身體要和含胸、旋腰協調配合，前臂內旋下按，有滾臂纏拿的意念。

30. 三陰拍腳

①身體重心後移；左臂外旋，下落至胸前，掌心向上，右掌掌心向下，經左臂內側向左、向前弧形穿抹。

圖3-103　　　　　　　　圖3-104

（圖3-103）

②上動不停。右掌微內旋向上、向右、向下立圓畫弧，左掌下落，經左側向上、向右立圓畫弧，兩掌變拳交叉於胸前，左手腕搭在右手腕上，左拳心向下，右拳拳心向上；同時，重心前移，右腳向前邁進一步，左腿屈膝提腳蓋步，落在右腳外側，右腿屈膝下蹲成右歇步。（圖3-104）

③上動不停。兩腕同時向右平帶後相互擰轉，成右拳在上、拳心向下，左拳在下、拳心向上；隨後兩腿伸膝直身，重心落在左腿，兩拳變掌，左掌內旋，兩掌經額前向兩側畫弧；同時，右腿前伸提起向上踢擺，右掌向右前上方擊拍右腳面，左掌落在左側方，與肩同高，掌心向外翻撐，目視右腳。（圖3-105、圖3-106）

圖3-105

圖3-106

【要點】兩掌畫弧交叉於胸前與左腳蓋步相合，身體要舒胸、鬆腰、沉氣；迎擊右腳面時，身體不可歪斜，要保持中正。

31. 游龍飛天

①接上動拍腳。右腿屈收，右腳向右後方撤步；重心移至右腿，左腳以腳跟為軸扣步，右腳外擺，身體右轉約90°；同時，左臂平屈，掌外旋，掌心向上，右臂平屈，掌心向下、向左臂內側畫弧穿抹。（圖3-107）

②上動不停。兩掌向左右兩側展擺，兩掌心向下，同時，右腳向右前方上步。（圖3-108）

③接上動不停。右腳尖外擺，左腳尖內扣並向右腳內側跟半步，身體右轉90°；同時，左掌向右畫弧，右掌外

圖3-107

圖3-108

圖3-109

旋經左臂內側上穿，目視左前下方。（圖3-109）

圖3-110　　　　　　　　圖3-111

④右掌繼續上穿，擺架於右額頭上方，掌心向上，同時左掌經腹前反撩變勾手並向左後方上擺，勾尖向上，目視前上方。（圖3-110）

⑤身體繼續右轉，左腿伸膝向右上方做裏合扣踢，右掌上撐不變，左勾手不變，目視左腳。（圖3-111）

⑥上動不停。左腳落在右腳內側，重心移至左腿；接著，以左腳跟為軸，腳掌內扣，身體向右轉；同時，右腿自左前方踢起做扇面形外擺踢腿，左手迅速擊拍右腳面，右手保持不變。（圖3-112、圖3-113）

【要點】手法、步法、腿法要協調一致，做裏合腿前先完成右手上撐，左手後勾動作，做左裏合擺踢時身體微向右斜傾，有利於腿上擺。整個動作要完成得乾淨俐落。

圖3-112

圖3-113

32. 捧　手

上動不停。右腳落在身體右前側，右腿由直變屈，左腳跟步落在右踝內側旁；同時，兩臂外旋經體側屈臂捧於胸前，兩掌心向裏，指尖向上。（圖3-114）

圖3-114

圖3-115

圖3-116

33. 氣運陽關

①左腳輕提向左後方撤步，腳掌、腳跟依次落地，身體微前俯；同時，兩臂內旋，兩掌經體側伸向背後腎俞穴（第二腰椎，正對肚臍命門穴，旁開一寸半處）用食指掌骨關節頭輕頂腎俞穴，食指順脊柱督脈慢慢向命門穴、陽關穴、腰俞穴輕輕下推。（圖3-115）

②接上動不停。左腳著地踏實，身體重心移至左腿，右腳內扣，身體左轉約120°，右腳向左腳內側跟步；同時，兩掌由背後經體側外旋，屈臂兩掌捧於胸前，掌心向裏，目視前方。（圖3-116）

【要點】與氣運陽關相同。

圖3-117　　　　　　　圖3-118

34. 游龍吸氣

　　兩肘外撐，中指尖相互對接，目視中指；同時，右腳腳尖外擺沿順時針方向行進一步，左腳腳尖內扣行進一步；隨即兩掌內旋，掌心向外翻撐，前臂前伸，兩掌虎口圓撐，兩掌高與胸齊，目視兩掌，在兩掌向外翻撐的同時，右腳外擺行進一步，左腳內扣再行進一步，共走4步為一圈，左腳落步與右腳平行，面向正前方，兩腿屈膝半蹲成馬步，兩掌姿勢不變，稍停，目視正前方。（圖3-117～圖3-120）

　　【要點】落成馬步，兩掌內旋向外翻撐時，稍停兩秒，舌尖舐上齶，含胸收腹，氣下沉，胸腔兩肋有充實感。

圖3-119　　　　　　　　圖3-120

35. 捧氣歸海

①兩掌向兩側畫弧下按至腹前，然後兩手指尖前伸，兩手臂外旋翻掌，兩臂屈肘，兩掌捧於胸前，掌心向裏，眼看指尖。（圖3-121）

②兩掌內旋，掌心相對，指尖向上，隨即兩前臂內旋，兩掌翻掌向下緩慢按於腹前；同時，兩腿伸膝直身，左腳向右靠半步成開立步，兩腳與肩同寬，目視正前方。（圖3-122、圖3-123）

【要點】與定步樁功捧氣歸海相同。

圖 3-121

圖 3-122

圖 3-123

圖3-124　　　　　　　　圖3-125

36. 收　勢

　　兩臂外旋，兩掌輕貼兩腿外側，輕提左腳向右腳併攏
直立，眼向前平視。（圖3-124、圖3-125）

第四章
盤根養生推手椿功

第一節　盤根養生推手椿功簡述

盤根養生推手椿功是在太極拳推手的基礎上，運用摩腕、揉肘、纏臂等動作，兩人按照一定的動作順序相互推、摩練習，達到通經絡、調氣血、練意、練技、練勁的目的。此功法是在掌握太極拳盤根功法的基礎上，探討太極拳技藝的一套趣味性功法。

盤根養生推手椿功是探討和研究太極拳技藝的一種練習形式。太極拳技藝追求體用一致，練拳的感覺與推手的感覺應該是一樣的。透過推手練習可以獲得良好的用勁技巧，逐步掌握人體在技擊格鬥中的基本用力規律和攻守技巧合於一體的練習方法，並能有效檢驗走架姿勢及動作方法的正確性，培養愛好者在太極拳技擊實戰運用方面的能力。

以增強體質、養生健身為目的的愛好者，透過盤根養

生推手樁功的練習，不但可以由神經反射的作用來調整機體中的器官功能，緩解其病痛，使機體達到良好的平衡狀態，同時還可以體味重在精神、內意貫注的意識勁，講求動作的輕靈、圓活，使心智活動與身體活動同時得到鍛鍊，進一步提高太極拳意、氣、勁、技的修煉。

愛好者們可根據自己的練習目的，選擇恰當的練習方法，相信一定會給您帶來益處和樂趣的。

第二節　盤根養生推手樁功動作圖解

兩人站立方向說明：圖片中穿深色衣服者為甲方，穿淺色衣服者為乙方。（示範者：吳雅楠）

一、盤手摩腕

1. 單手平圓摩腕

預備動作：

①雙方成立正姿勢相對站立，距離以雙方握拳兩臂平舉，拳面相接觸為準，身體自然放鬆。（圖4-1）

②甲乙雙方身體微左轉，雙方將右腳向前邁出一步，兩腳內側相對，腳尖向前，兩人右腳之間相距10～20公分；同時，雙方右手向前伸出，右手腕部背面手背相貼，左手自然下按，後腿屈膝微蹲，重心落於兩腳之間稍偏後腿，目視對方。（圖4-2）

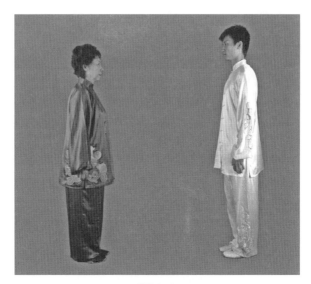

圖4-1

圖4-2

圖4-3

（1）甲按、乙掤

甲身體重心略向前移，右腿屈膝微前弓，翻轉右掌，用掌心向前平推乙之右腕部，目的是以右掌按向乙右胸部；乙承接甲之按勁，重心稍後移；同時，左腿微屈，用掤勁將右掌回收，向右引甲右手，使其不能觸及胸部。（圖4-3）

（2）乙捋、甲隨

乙重心繼續後移，上體隨之向右轉動，並以右掌捋引甲之右手；甲按勁落空，手臂回收跟隨。（圖4-4）

（3）乙按、甲掤

乙順勢翻掌，用右掌向前平推甲之右腕，目的是以右掌按向甲右胸部；甲用右手掤承乙之按勁，重心後移，順勢收回右臂。（圖4-5）

圖4-4

圖4-5

圖4-6

（4）甲捋、乙隨

甲重心繼續後移，上體隨之向右轉動，並以右掌捋引
乙之右手；乙按勁落空，手臂回收跟隨。（圖4-6）

雙方如此循環練習，盤手路線應呈一平圓形。亦可換
左腳在前，搭左手練習，方法相同。

2. 單手立圓摩腕

預備動作：

與單手平圓摩腕相同。

（1）甲按、乙掤

甲翻轉右掌，用右手指尖向乙面部伸插，重心隨之前
移，右腿前弓，意在推按乙的面部；乙重心略後移，以右手
掤承甲之按勁，使甲按勁落空；甲則鬆臂跟隨。（圖4-7）

圖4-7

圖4-8

（2）乙挒、甲隨

乙重心繼續後移，上體隨之右轉將甲右掌引向頭部，使甲按勁落空；甲則鬆臂跟隨。（圖4-8）

圖4-9

（3）乙按、甲掤

乙順勢將右掌翻置甲右手腕上，向下繞弧切按，意在推按甲之右肋部；甲則用右手掤承乙之來勁，右臂順勢回收同時屈左腿，重心後移。（圖4-9）

（4）甲将、乙隨

甲重心繼續後移，上體隨之右轉，將乙之右手将引向身體右側，使之落空；乙則鬆臂跟隨。（圖4-10）

雙方如此循環練習，盤手路線呈一立圓形。亦可換出左腳在前，搭左手練習或雙方互換，練習方法相同。

3. 單手折疊摩腕

預備動作：

與單手平圓摩腕相同。

圖4-10

圖4-11

（1）甲按、乙掤

甲右手內旋翻轉用掌心向前、向上、向乙面部伸插，推按乙之右手腕部；同時，右腿前弓，重心略前移；乙則用右手掤接甲之按勁，重心稍後移，左腿屈膝。（圖4-11）

圖4-12

（2）乙按挒、甲隨

乙重心繼續後移，上體右轉，右臂外旋使掌心翻轉向上，掌背按壓甲右手腕上，向右下繞弧橫挒，將甲的右掌沉壓至右胯旁；甲落空後鬆臂跟隨。（圖4-12）

（3）乙按、甲掤

乙順勢將右手內旋翻轉循弧線上提，向甲面部伸插，推按甲之手腕部，重心隨之前移，右腿前弓；甲則以右手掤接乙之按勁，重心稍後移，左腿屈膝。（圖4-13）

（4）甲按挒，乙隨

甲重心繼續後移，上體隨之右轉，右臂外旋使掌心翻轉向上，掌背按壓乙右手腕上，向身體右側下方繞弧橫挒，將乙的右掌沉壓至右胯旁；乙落空後鬆臂跟隨。（圖4-14）

圖4-13

圖4-14

　　雙方如此循環練習，雙方的盤手路線應呈現一個「S」形。

圖4-15

二、盤手揉肘

1. 雙手平圓揉肘

預備動作：

雙方成立正姿勢，相對站立，距離以雙方握拳兩臂平舉，拳面相接觸為準，身體自然放鬆。（圖4-15）

甲乙雙方身體微左轉，將右腳向前邁出一步，兩腳內側相對，腳尖向前，兩人右腳之間相距10～20公分；同時，雙方右手向前上方伸出，右手腕部背面互搭，手背相貼，左手掌扶於對方右肘部，後腿屈膝微蹲，重心落於兩腳之間，稍偏後腿，目視對方。（圖4-16）

（1）甲按、乙掤

甲右手內旋翻轉，掌心按在乙右手腕上，左手在乙右

圖4-16

圖4-17

肘部兩手向前推按乙右臂，逼向乙胸部；乙則右臂掤承甲按勁後引，左腿微屈，重心略後移。（圖4-17）

圖4-18

（２）乙捋、甲隨

乙重心繼續後移；同時，身體右轉，兩手橫捋，將甲
之來勁引向體右側；甲落空後鬆臂跟隨。（圖4-18）

（３）乙按、甲掤

乙順勢右掌內旋反轉，右掌心按在甲右手腕部，左手
在甲右肘部，兩手向前推按甲右臂，逼向甲胸部；甲則在
右臂掤承乙按勁時向後引，左腿微屈，重心略向後移動。
（圖4-19）

（４）甲捋、乙隨

甲雙手將乙按勁捋向體右側；乙落空後鬆臂跟隨。
（圖4-20）

由此反覆循環練習，亦可換出左腳，左手互相搭腕，
右手互相扶肘練習，方法相同。

【要點】推按時重心前移，向前弓步，向後引化時重

圖4-19

圖4-20

心後移坐身。雙手必須始終一手管住對方肘部，另一手管住對方腕部。按時必須有逼肘動作。

圖4-21

2. 雙手立圓揉肘

預備動作：

與雙手平圓揉肘相同。

（1）**甲按、乙掤**

甲兩手向前、向上推按乙右臂，逼向乙面部；乙則掤承甲按勁並向後引，左腿微屈，重心略後移。（圖4-21）

（2）**乙捋、甲隨**

乙重心繼續後移，左腿屈膝，向右轉體，將甲的按勁引向身體之右側；甲落空後鬆臂跟隨。（圖4-22）

（3）**乙按、甲掤**

乙順勢將右掌翻轉，掌心按在甲右腕部，左手按甲肘部，同時循弧切按逼向甲右肋部。（圖4-23）

圖4-22

圖4-23

圖4-24

圖4-25

（4）甲捋、乙隨

甲方則以右臂掤承乙按勁向後引捋。（圖4-24）

由此反覆循環練習，雙方盤手路線應呈立圓形。亦可互換練習，方法相同。

3. 雙手折疊揉肘

預備動作：

與雙手平圓揉肘相同。

（1）甲按、乙掤

甲右手內旋向乙面部伸插，逼向乙面部，左手扶於乙右肘部；同時，重心前移，右腿屈膝前弓；乙以右臂掤承甲按勁，重心稍後移，左腿屈膝。（圖4-25）

圖4-26

圖4-26附圖

（2）乙按捋、甲隨

乙重心繼續後移，身體微向右轉，右臂外旋屈肘，使右掌心向上翻壓於甲右手腕上，向右下循弧線沉壓甲右手於體右側，左手扶於甲右肘；甲落空後鬆臂跟隨。（圖4-26、圖4-26附圖）

圖4-27

圖4-28

（3）乙按、甲掤

乙將右手循弧線上提並向甲面部逼按，左手扶於甲右肘；甲順勢重心後移，以右臂掤承乙按勁後引，左腿微屈。（圖4-27）

（4）甲捋、乙隨

甲重心繼續後移，身體微向右轉，右臂外旋屈肘，使右掌心向上翻壓於乙右手腕上，向右下循弧線沉壓乙右手於體右側，左手扶於乙右肘；乙落空後鬆臂跟隨。（圖4-28）

由此反覆循環練習，雙方盤手路線應呈一個「∞」形。

圖4-29

圖4-30

三、開合雙纏臂

預備動作：

與雙手平圓揉肘相同。（圖4-29）

1. 乙插腹、甲黏貼

乙左掌脫開甲右肘部，經甲右前臂上繞至甲右前臂內側；同時，右臂繞至甲左前臂內側，兩臂向甲腹前插伸；甲兩臂黏貼乙兩臂向前下伸，形成甲乙兩臂相交於腹前。（圖4-30）

圖4-31

圖4-32

2. 乙托臂、甲黏貼

乙進左步，兩臂外旋，掌心向上，屈肘以前臂向外、向上托起甲臂；甲退右步兩臂外旋，掌心向上，前臂黏貼在乙前臂上。（圖4-31）

3. 乙捧臂、甲黏隨

乙右腳提起，兩臂繼續向上、向內以手腕為黏接點，捧合甲前臂於面部前方；甲左腳提起，兩臂亦黏隨乙臂向上、向內合。（圖4-32）

圖4-33

4. 甲撲按、乙插腹

甲左腳向後撤步，重心移向右膝；同時，雙手欲向前撲按乙方胸部；乙右腳向前上步落至甲右腳內側，重心移至右腿並屈膝前弓；同時，兩臂內旋，以掌腕向內、向下翻壓甲前臂，兩臂向甲腹前插伸；甲兩臂亦順勢內旋向下黏隨乙臂於腹前。（圖4-33）

甲乙動作路線與「2」相同，繼續為甲退乙進重複練習，亦可相互調換為乙退甲進循環重複練習。

圖4-34

四、纏臂蹬腳

預備動作：

與雙手平圓揉肘相同。（圖4-34）

乙左掌脫開甲右肘部，經甲右前臂上繞至甲右前臂內側；同時，右臂繞至甲左前臂內側，兩臂向甲腹前伸；甲兩臂黏貼乙臂，形成甲乙兩臂互相黏貼相交於腹前。（圖4-35）

1. 甲扇、乙黏隨

甲重心前移，右腿屈膝前弓，左掌向上、向右、向乙面部扇去；乙重心後移，左腿屈膝坐胯，同時用右前臂內側黏隨甲左前臂外側，左前臂向外掤，黏隨甲右前臂。（圖4-36）

圖4-35

圖4-36

圖4-37　　　　　　　　　　　圖4-38

2. 乙按掤、甲粘黏

乙重心移至左腿，右腳提起，右臂內旋屈肘向左、向下按壓甲左臂，乙左前臂向上掤撐甲右臂；同時，甲重心移至右腿，左腳提起左前臂下繞至乙前臂外側，意用兩臂粘黏乙兩臂。（圖4-37）

3. 甲扇、乙黏隨

乙右腳向後撤步，重心偏於右腿，右前臂下繞黏隨至甲左前臂外側；甲順勢左腳落下向前上步至乙左腳內側，重心偏於左腿，同時右掌向上、向左、向乙面部扇去，乙重心後移，身體後坐，用左前臂內側黏隨甲右前臂。（圖4-38）

此動作可重複練習，甲、乙動作與「2」「3」相同，行進規律是乙撤步，甲進步，手法規律是甲扇、乙黏隨。

圖4-39

4. 乙按掤、甲蹬腳

①在甲進乙退數次循環練習之後，接動作「3」乙撤左步，左手按壓甲右臂，右手掤甲左臂之肘。（圖4-39）

圖4-40

②甲右手腕內旋翻握乙左手腕，左手貼握乙右手腕，同時提右膝，小腿前伸，右腳向乙右膝部蹬出；乙重心後坐兩臂掤撐。（圖4-40）

甲乙動作可以相互調換，變換方向，乙進步扇，甲退步按掤，乙蹬腿，如此循環練習。

圖4-41

五、盤肘擠靠

預備動作：

與雙手平圓揉肘相同。（圖4-41）

1. 乙擠靠、甲托肘

①乙重心前移，身體左轉，欲用兩臂逼靠甲胸；甲順勢身體向右轉，撤右步，用左掌托推乙右肘。（圖4-42、圖4-43）

②甲右腳向右前上步，繼續托推乙右上臂；乙順勢身體左轉，左腳向右前方上一步跟隨，以右肩擠靠甲方；同時雙方向前連走6步，第6步甲左腳在前，乙右腳在前。（圖4-44～圖4-49）

圖4-42

圖4-43

圖4-44

圖4-45

圖4-46

圖4-47

圖4-48

圖4-49

圖4-50

圖4-51

2. 甲擠靠、乙托肘

①甲上右步，腳稍內扣，意用左肘頂靠乙右肋；乙順勢上左步，腳內扣。（圖4-50）

②乙順勢含胸沉右肘，身體下沉向右轉，化開甲左肘頂靠；甲用右掌推按乙胸。（圖4-51）

圖4-52

圖4-53

③乙順勢身體右轉含胸,同時左手托推甲右肘。(圖4-52)

④乙身體右轉上右腳,左手托推甲右肘;甲順勢上左腳,甲乙雙方向前連續行走6步,第6步甲右腳在前,乙左腳在前。(圖4-53~圖4-58)

圖4-54

圖4-55

圖4-56

圖4-57

圖4-58

圖4-59

3. 乙擠靠、甲托肘

動作與盤肘擠靠中的「1.乙擠靠，甲托肘」相同，雙方如此循環練習。動作路線可隨意斜行或弧行。（圖4-59～圖4-61）

圖 4-60

圖 4-61

圖4-62

六、盤步捋擠

圖4-63

預備動作：

與雙手平圓揉肘相同。（圖4-62）

1.乙擠、甲捋

①乙重心前移，同時，右臂向甲胸部擠靠。（圖4-63）

圖4-64

圖4-65

②甲順勢坐身向右轉，右腳向右撤步，化解乙方的擠勢，同時，右手扶握乙右手腕處，左手扶於乙右肘部，向右斜方形成挒勢。（圖4-64）

③甲方右腳向右前方上一步繼續引挒乙方右臂；乙方右腳上步用肩臂向甲胸逼靠。（圖4-65）

圖4-66

圖4-67

　　④甲左腳向前上步，繼續引捋乙右臂；乙意用右肩逼靠甲胸，隨勢左腳向前上步，甲乙雙方向前共連續行走4步，第4步雙方落步右腳在前。（圖4-66～圖4-69）

圖4-68

圖4-69

圖4-70　　　　　　　　圖4-71

2. 甲擠、乙捋

①乙身體右轉，左腳向左前方上一步落地，左腳內扣（圖4-70），身體繼續向右轉，右臂內旋以右掌扶貼甲右手腕處，左手扶貼於甲右肘部形成按勢；甲順勢含胸左轉，右臂向乙胸部逼靠。（圖4-71）

②乙重心移至左腿，同時兩掌向右前方引捋甲右臂，使甲擠勢落空，右腳向右前方上一步，繼續引捋甲右臂；甲順勢身體左轉，右腳向前上一步，意用肩臂向乙胸逼靠。（圖4-72）

③乙左腳向右前方上一步，繼續引捋甲右臂；甲順勢左腳向前上一步。甲乙雙方向前共連續行走4步，第4步雙方落步右腳在前。（圖4-73～圖4-76）

圖4-72

圖4-73

圖4-74

圖4-75

圖4-76

圖4-77

3. 乙擠、甲捋

　　動作與盤步捋擠 1. 中的乙擠、甲捋相同，雙方如此循環練習。動作路線可隨意走動。（圖4-77）

附錄
徐雨辰生平概略

　　一代武林宗師徐雨辰，畢生致力武術研究工作，對中華武術的繼承和發展頗有建樹，他生前是中國武術協會榮譽委員，中國「武林百傑」，1988年榮獲國際武術節組委會頒發的「武術貢獻獎」。曾任陝西省武術協會副秘書長，西安市武術協會副主席，河北省滄州市醫學會委員。他是一位德藝雙馨、影響深遠的著名武術家。

　　徐雨辰原名樹潤，1911年生於「武術之鄉」河北省滄州武術世家，他自幼習武學醫，曾拜燕青門名師關老太爺為啟蒙教師，又師從滄州名醫孫華亭學醫，他青年時代在滄州省立二中讀書時曾與同學組織「國術研究會」被推選為會長，倡導習武，志在強身救國。他先後拜秘宗門李雨

三、功力門李凌宵、八極門李書文、青萍劍大師米連科、六合門佟忠義、翻拳戳腳門名師郝鳴九等習藝，打下了深厚的傳統武術根基。1935年在上海淞滬區運動會上他以楊少槐老師親授的劈掛拳獲拳術第一名。1951年在蘭州又拜學識淵博、文武通達的通備武學宗師馬鳳圖先生為師，頗有心得，曾感歎：馬氏武藝「勢通百節招通膽，氣潤三焦德潤身」，奉為終身銘鑒。

徐雨辰不僅精於武術，且是早年北方交通大學的高材生，學識素養頗深，他在長期潛心武術研究中，曾寫《滄州秘宗拳發展史》一文答寄中國武術協會毛伯豪處長所詢。先後整理了《滄州闖王刀勢名》《滄州昆吾劍新舊套路勢名》《滄州通備、螳螂拳法第一篇》《宋世榮內功經盤根索引》《內功經秘本》等武術資料獻給陝西省體委挖整辦公室，多次獲嘉獎表彰。

1989年他受滄州市政府邀請，參加了《滄州武術志》編輯工作，並提供了許多寶貴歷史資料，受到了滄州市政府多次獎勵，被譽為「七旬老人赤子心」。晚年的徐雨辰一直筆耕不輟，他創作的長篇武林小說《左臂俠僧》著重描述滄州功力門創始人邱世俠授徒傳藝、匡扶正義、崇尚武德的動人故事，謳歌了武林前輩救民於水火的俠肝義膽。近二十年間他先後在《中國體育報》《武林》等報刊上發表了《60年前滄州武林群英會》《神槍李書文》《武林氣功漫話》《擒拿妙術聞知錄》《鏢不喊滄州》《闖王刀的故事》《回憶恩師馬鳳圖》等史實記述、名人軼事、傳統練功方法介紹方面的文稿近二十篇，皆具有較高的文史價值。

徐雨辰對中醫、書法也頗有研究。他中年時期結合武術專攻針灸和臟腑按摩，為親朋好友施治療效頗佳。晚年將中醫臟腑按摩結合自己練養益壽心得體會總結了一套按摩功法，既用於社會亦用於自家。並且提出每日需「靜養靈根、盤養命根」「天人合一」保養精、氣、神的養生思想。為後人研究武術醫學，養生功法提供了指導思想和功法基礎。

　　他的書法早年為滄州書法名家張娛峰、劉恕堂老前輩親授，行墨學蘇、大字習顏、風格獨具，曾揮筆書贈新家坡、日本和美國友人，被譽為「行雲流水的墨寶」。

　　喜武、善醫、精研書法是他一生的三大愛好，逐將自己書房命名為「三樂齋」。徐雨辰親題自勉小詩：「自尋真樂在心寬，神清體健即神仙，隨心所欲不逾矩，福壽康寧合家歡。」他晚年日常生活有序，九十歲以後依然精力旺盛，堅持每天練拳、散步，並以書畫自娛，後以九十六歲高齡無疾而逝。

導引養生功

全系列為彩色圖解附教學光碟

張廣德養生著作　每冊定價350元

定價350元

定價350元

定價350元

定價350元

定價350元

定價350元

定價350元

定價350元

定價350元

定價350元

輕鬆學武術

定價250元

定價250元

定價250元

定價250元

定價250元

定價250元

定價250元

定價250元

定價280元

定價330元

太極跤

定價300元

定價280元

定價350元

彩色圖解太極武術

定價220元

定價220元

定價220元

定價220元

定價350元

定價350元

定價350元

定價350元

定價350元

定價350元

定價350元

定價350元

定價350元

定價220元

定價220元

定價220元

定價350元

定價220元

定價350元

定價350元

定價220元

定價220元

定價220元

太極武術教學光碟

 太極功夫扇
五十二式太極扇
演示：李德印 等
（2VCD）中國

 夕陽美太極功夫扇
五十六式太極扇
演示：李德印 等
（2VCD）中國

陳氏太極拳及其技擊法
演示：馬虹（10VCD）中國
陳氏太極拳勁道釋秘
拆拳講勁
演示：馬虹（8DVD）中國
推手技巧及功力訓練
演示：馬虹（4VCD）中國

陳氏太極拳新架一路
演示：陳正雷（1DVD）中國
陳氏太極拳新架二路
演示：陳正雷（1DVD）中國
陳氏太極拳老架一路
演示：陳正雷（1DVD）中國
陳氏太極拳老架二路
演示：陳正雷（1DVD）中國

陳氏太極推手
演示：陳正雷（1DVD）中國
陳氏太極單刀・雙刀
演示：陳正雷（1DVD）中國

 **郭林新氣功**
（8DVD）中國

本公司還有其他武術光碟
歡迎來電詢問或至網站查詢
電話：02-28236031
網址：www.dah-jaan.com.tw

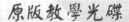 原版教學光碟

歡迎至本公司購買書籍

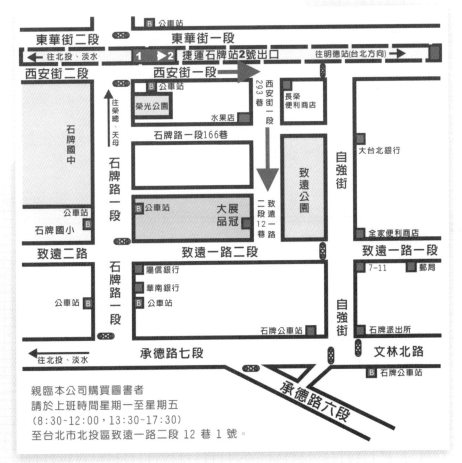

親臨本公司購買圖書者
請於上班時間星期一至星期五
（8：30~12：00，13：30~17：30）
至台北市北投區致遠一路二段 12 巷 1 號。

建議路線
1. 搭乘捷運·公車
　　淡水線石牌捷運站下車，由石牌捷運站２號出口出站（出站後靠右邊），沿著捷運高架往台北方向走（往明德站方向），其街名為西安街，約走100公尺（勿超過紅綠燈），由西安街一段293巷進來（巷口有一公車站牌，站名為自強街口），本公司位於致遠公園對面。搭公車者請於石牌站（石牌派出所）下車，走進自強街，遇致遠路口左轉，右手邊第一條巷子即為本社位置。

2. 自行開車或騎車
　　由承德路接石牌路，看到陽信銀行右轉，此條即為致遠一路二段，在遇到自強街（紅綠燈）前的巷子（致遠公園）左轉，即可看到本公司招牌。

國家圖書館出版品預行編目資料

太極盤根功法 ／ 徐毓茹　孫　晴　編著
——初版，——臺北市，大展，2014〔民103.03〕
面；21公分 ——（武術特輯；147）
ISBN 978－986－346－003－9（平裝；）
1.太極拳
528.972　　　　　　　　　　　　　102028012

太極盤根功法

編　　著／徐毓茹　孫　晴
責任編輯／孔　令　良
發 行 人／蔡　森　明
出 版 者／大展出版社有限公司
社　　址／台北市北投區（石牌）致遠一路2段12巷1號
電　　話／（02）28236031・28236033・28233123
傳　　眞／（02）28272069
郵政劃撥／01669551
網　　址／www.dah-jaan.com.tw
E-mail／service@dah-jaan.com.tw
登 記 證／局版臺業字第2171號
承 印 者／傳興印刷有限公司
裝　　訂／承安裝訂有限公司
排 版 者／弘益電腦排版有限公司
授 權 者／北京人民體育出版社
初版1刷／2014年（民103年）3月

定　價／230元

大展好書　好書大展
品嘗好書　冠群可期